ビバ！還暦
60歳 海外ひとり旅はじめました
~にわかパリマダムに!?~

中道あん 著

主婦の友社

〜永遠の憧れにしない！
にわかパリマダムのひとり旅〜

「いつか時間とお金ができたらパリに行ってみたいなぁ」。この言葉をいくど口にしただろうか。子育てを終え、経済的にも余裕ができて「これから行ける！」というときになってコロナ勃発。そのとき私は、娘とハワイ旅行を楽しんでいた。まさかこれが最後の海外旅行？ そんなの嫌だぁ！「私はまだパリに行ってない〜（泣）」と、激しく後悔したのを覚えている。

もし、海外旅行がまたできるようになったら真っ先にパリに行こう！なんて誓っていても、先延ばししちゃうのが人ってもんじゃなかろうか。そして、やっぱりパリは遠いのだ。日本からパリまで直行便で13時間くらいかかっちゃ

うし、フランス語どころか英語もろくにしゃべれない。そんな自分を奮い立たせるきっかけが、何か欲しかった。それがビバ！還暦。人生１００年の時代、最近じゃ60歳は通過点にしかすぎないが、とはいえ新しい年代のはじまりでもある。何か記念になることをやっておけば一生の思い出になる。それがパリひとり旅だ。

　遠い遠い20代のころ、ファッション誌『ａｎａｎ』のパリ特集でかわいいカフェや雑貨屋さん、美しい街並みに負けないようなおしゃれ女子のストリートスナップにメロメロになった。私も、かわいいカフェの椅子に足を組んで座り、気分だけでもパリジェンヌになってみたい。「昔はな

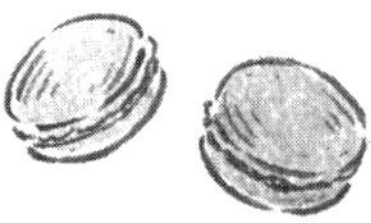

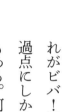

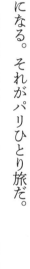

ぁ……」なんて語っていたら「どんどん昔の人になってしまう」。これからはやりたいことをやって今を生きていかなきゃ。誰かが「パリに行こう！」と誘ってくれたら、喜んでついていったにちがいない。でも、私の周りにはそんな人はいない。「だったら、ひとりで行ってしまえ～」というのがことのはじまり。ホテルはどうする？　言葉は大丈夫？　ぼったくられたりしない？？　ドギマギしながら準備をし、いざパリへ!!　自由気ままに歩くひとり旅は、美しい景色に、おいしいグルメ、一生に一度は見ておきたい世界遺産などまるごとひとり占めだった。まさかそれが一冊の本になるなんて夢にも思っていなかった。私のように

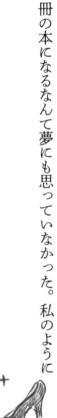

- ☑ずっと憧れているんだけれど、ひとりで旅ができるのだろうか。
- ☑ひとり旅初心者だけれど、何からはじめていいのかわからない。
- ☑いざ、行くとなったら不安だらけだけど、どうするの。
- ☑シニアのひとり旅は何より安心・安全第一主義を守りたい。
- ☑どうせなら、とっておきの体験をしてみたい。

　というような方。この本を読みながら一緒に空想の旅に出かけてみませんか？　そして、よかったら自分だけの旅のプランを立てるところからはじめてみませんか？永遠の憧れで終わらせない！　にわかパリマダムの気ままなひとり旅におつきあいくださいませ。

目次

第2章　とうとうパリにひとりで来ちゃった！

第3章　頼れるのは自分とスマホだけ！
大人ひとり旅は安心安全ストレスフリー

第4章　若さを羨ましがらない。いつかなるかもしれないおひとりさまへ

※掲載している情報はすべて2023年11月現在のものです

第1章

50代からはじめたひとり旅。いよいよ海外へ！

「えー、パリにひとりでなんて、とんでもない！」。ちょっと前まで私もそう思っていた。この章では、私が海外ひとり旅にチャレンジしたくなったわけをお話ししようと思う。

「自分だけ悪い…」「家族に申し訳ない」そんな気持ちはいらないと気づいた

「ひとり旅なんて贅沢だ！」と思ったことはないですか？

自分だけがおいしいものを食べて遊んでいたら、家族に申し訳ない気持ちになる、後ろめたさを感じてしまう。以前は私もそうだったのでよくわかる。若いころからバリバリ社会の第一線で働いていたならともかく、レンコン畑にかこまれた田舎の中で育った私は、小さなころから「女とはこういうもの」という決められた枠の中で生きてきた。「やたら、目立っちゃいけない」「黙って下がっていろ」。そう、父親からよく言われたものだ。家庭を守るのが女性の幸せといわれた時代があった。それが「家庭の女」というものだと思い込んでいたのだ。でも今は、私が「ちょっと行ってくるね～」と遊びに出かけると、「あんさん（子どもたちがつけた呼び名）、ほんま楽しんでるな～」と子どもたちは嬉しそうなのだ。私が子どものころも、母がご機嫌であることが何より嬉しかったから、いつの時代も母親がご機嫌なのは幸せの種なのだと言い切っていいと思う。

50代でまずは国内からはじめたひとり旅だが、不安が大きくて問題行動の多い母を老人ホームのスタッフにお願いして、ハワイに住んでいた妹に会いに行ったこともある。はじめは、親を人さまに預けて自分は遊びに行っていいものかと思ったけれど、施設の方が「どうぞ！」と快諾してくれてありがたかったし、毎日かかってきていた母からの電話攻撃からも解放された。「毎日、あんたの声を聞かんと心配でしかたない」と言っていたのに、がんばって我慢してくれたのであろう。きっと施設の方々は大変だったと思うけれど、「なーんだ、私がいなくてもなんとかなるのだ！」と悟った旅でもあった。結局のところ、「母には自分がいなければ……」というのは思い込みだったし、「自分だけがいい思いをしちゃいけない」というのは自分にかけた呪いなのだった。私たちは、もっと好きなことをしてもいいし、もっと自由になってもいい。それがひとり旅ではうんと体験できるし、だからこそ周りに感謝もできるのだ。

◆誰と一緒かより、何をするかを大切にしたい

私のソロ活のはじまりは高校生の部活だと思う。同級生が「一緒にパンを買って食べよう」と誘ってくれているのに、それではもの足りないからと学校のすぐそばの喫茶店でやきそば定食を食べるのがお決まりだった。ある日のこと、店のママさんから、「お姉ちゃんいつも来てくれてありがとう！」と言われて、「覚えてくれているんだ！」とびっくりしたことがある。黙々と食べる焼きそばがいつもよりおいしく感じたのをよく覚えている。食いしん坊の私は友情よりも「好きなものを食べたい！」という欲望のほうが勝っていたのだ。

そんな私でも、旅だけは誰かとするものだと思っていた。普段ではない特別な時間を、誰かと共有することが旅の醍醐味《だいごみ》だと思っていたからだ。食いしん坊の私にとっ

て旅は「食す」ことでもある。友人との食事を思い返してほしい。おしゃべりに夢中になり、せっかくのおいしい料理が冷めてしまったり、味わうことなく胃袋に流し込んでしまったりしていないだろうか。そのことに気づいたのが、友人との日帰り温泉旅行。中年のおばさん2人がキャッキャッとはしゃぎながら旅館の食事を楽しんだけれど、もう一人の自分は「もし、ひとりなら、どんな味わいなんだろう？」と気になってしようがなかった。まだ、女性がひとりで泊まれる温泉宿が少なかったころで、日帰り旅行とはいえひとりというだけで目立ってしまう。

「温泉にひとりで来るなんて、なんか訳ありの人なんじゃないの」と変な目で見られないかと心配にもなる。でも、「自分ひとり、もてなされたい」という欲望は、どうにも止まらない。エイッと勇気を出して、ひとりで日帰り温泉旅行に出かけたら、想像以上に快適だった。ひとりですることというのはなにしろ自分が主役。五感をフルに使って「はじめて」を見つける楽しさと「思うがまま」の気楽さが魅力。自分の感性や直感に従って、一時、一瞬を楽しめるのがひとりの醍醐味。

このように書いていると、本当に自分はわがままだなと思うが、ひとり旅のよさは、自分を優先して大切にしたいことを気兼ねなく尊重できるところである。これには、ひとりぼっちの寂しさを、すっかり拭《ぬぐ》えるほどの魅力を感じるからやめられない。

留守中、愛犬の面倒は誰が見る？ 巻き込めるものはなんでも頼っちゃおう

旅行中、ペットはどうするのか？　特に犬を飼っている人には悩ましい問題。

わが家には6歳のインギー犬（イングリッシュ・コッカー・スパニエル）のガクがいる。めちゃくちゃ人懐っこくて甘えん坊、わんぱくなんだけれど、とても繊細な犬である。国内旅行や出張で家を留守にするときには、パピーのときに通っていた犬の保育園に預けている。担当の先生にかわいがられ、散歩にも連れていってもらえるし、室内運動場もあるので退屈することなく楽しんでいるとは思っている。ところが、長期旅行ともなるとそうもいかないらしい。日本でコロナがはやる前に娘と8日間ハワイ旅行をしたときも、迷いなく犬の保育園に預けたのだけれど……。旅行を終えてガクが家に戻ってきたら、いつもと様子が違ってよそよそしい。ソファにしっかりと四つ足で立ち（人でいう仁王立ち）、私と娘をジトーッと見上げるようにしてにらんでいる（家族にはそう見える）。そして、何食わぬ顔でソファにオシッコをした。私が、思わず「わわっ、なにしているの！」と大きな声を上げても知らんぷり。「うわぁ〜やられたぁ。ガクちゃんお怒りや！」。犬は嬉しくなって興奮したりすると、うれションをするときがあるが、怒りションは聞いたことがないから定かじゃないけれど。寂しい思いをしたのは確かなんだろう。

今回のパリ旅行では、それより長い11日間のお別れである。わが家には、息子と娘がおり、息子のほうは当てにならないので、ガクのしつけ係ともいえる娘に相談してみた。「何日間かだけでも家で面倒を見てくれないだろうか？」。すると、「仕事は時短にしてもらうから全部見てあげるよ」という嬉しい返事。そのかわりと言っちゃなんだけれど、娘が欲しがっていたブーツをプレゼントした。お値段4万5000円、預けていたら犬の保育料と同じである。

ついつい、どんな責任でも自分の肩にのせがちだけれど、介護や育児、ペットの世話のことなども、「できない」という答えを自分で出す前に、相談できそうな人に頼ってどんどん巻き込んじゃおう。旅の途中、どんなことが起こるかわからない。しかも、この巻き込み力は、ひとり旅にこそ必要なときがくる。

ひとり旅こそ、本当の「自由」の意味がわかる

もしも悪いことが起きたらどうしよう。という「もしも」を無視していいひとり旅はないと思う。旅には予期しない出来事がつきものだから、「失敗」することだってある。例えば私が過去にやった失敗は、電車を乗り間違えた、気づいたらおりる駅を通りすぎていた、迷子になって目的地にたどり着けない。ひどいのは、飛行機に乗り遅れたなんていうのもある。あのときは、時間を読み間違えてしまった自分のせい。今回限りという約束で次の便に乗せてもらえたけれど本当に焦った。

という数々の失敗経験があったので、「もしも」のときのために、今回は羽田《はねだ》空港内にあるホテルに前泊して安心を確保した。なのに、出発前に国際線ラウンジでくつろぎすぎたのか、搭乗案内のアナウンスを遅延案内と聞き間違えたのだと思う（どうしたらそうなるのか自分でもわからない)。そろそろ行くとするかぁと、のんびり搭乗待合室まで歩いていってびっくりした! もう乗客は誰もいないのだ。ゲートの係員さんが私を見るなり「はぁ〜、よかったぁ」と安心されて、私は何がなんだか呆気にとられたまま、背中を押されるようにして搭乗口を通った。もしも、次のアナウンスがくるのをラウンジで待っていたら、私のパリの旅は空港で終わっていたかもしれない。もうすっかり座席でくつろいでいる乗客の様子を見て、席に座ったとたん冷や汗をかいた。ひとり旅では「もしも」の責任は自分で負わなきゃならないのだ。

「もしも」病気やケガをしたら。

「もしも」パスポートをなくしたら。

「もしも」スマホを盗《と》られたら。

なんて考えはじめたらキリがないほど「もしも」はある。

イギリスの劇作家、バーナード・ショウの言葉に〝自由とは責任を意味する。だから、たいていの人間は自由を恐れる〟というのがある。まさにそのとおりで、ひとりでパリに行くと言うと「本当に大丈夫？」と周りは心配してくれた。ひとり旅は、自分で調べたり、トラブルに対処したり、思うようにいかない不自由な中にこそある自由を楽しんじゃうもの。「お膳立てされた旅は、楽ちんではあるけれど、ちょっとも の足りない」という人なら、ひとり旅がふさわしい。そろそろ本当の自由を謳歌しようというタイミングがきているのだ。

◆2つに分かれる「開拓派」か「安定派」かの旅のタイプ

去年（2023年）した旅は、1月の栃木県の日光《にっこう》を皮切りに、島根県の出雲大社《いずもたいしゃ》、神奈川県の鎌倉《かまくら》と横浜《よこはま》、愛知県の名古屋《なごや》、それから大阪や京都でホテルステイをした。出雲大社ははじめてだったけれど、日光はここ3年、続けて行っているし、その前にも行ったことはある。どこも、二度、三度と訪れている。旅をする人には、同じ場所に2回以上も行くのはつまらないという開拓派と、いいところなら何度も行っていいという安定派、2つタイプがあると思う。前者は、その旅がよくても悪くても、「知らない場所があるなら、知っておきたい」という「探求心」を持つ人なんじゃないかと思う。後者は「お気に入り」をつくって、掘り下げて楽しむ、「愛着心」を持つ人ではないかと思う。私は、断然後者で「新しいもの好き」ではない。自他ともに認める食いしん坊であるけれど、実はおいしいお店をたくさん知っているわけではない。というのも新規開拓して、「まずかったら」めちゃくちゃ落ち込むからだ。お店の外から中の様子をうかがい「おいしいかも」という勘を頼るようなチャレンジができない。一日に2食しか食べないので、そのうちの1食を失敗するなんて耐えられないのである。

そういえば、以前泊まったホテルの夕食がまったく口に合わず、フロントで翌朝の朝食をキャンセルしようとしたことがある。これなら、コンビニのおにぎりを食べたほうがよほどマシだと思ったからだ。本当に、自分の勘が外れたことが悔しくてならなかった。なので、お店を選ぶときには、同じような食いしん坊さんから紹介してもらうのがほとんどである。そして一度気に入ると何度でも訪れて「常連さん」になってしまう。一方で同じように食いしん坊の妹は、次々と新しいお店にチャレンジして、お気に入りの店を開拓している。失敗はあるそうだが、「もっといいお店があるかもしれない」と思ったら冒険してしまうんだそう。

次々と新しい場所へ冒険を楽しむ旅と、定点カメラから覗くように、変化や発見を楽しむ旅があるように思う。あなたは、どちらの旅が好きですか？ 今回のパリは新しい開拓の旅だったけれど、気づいたらサンジェルマン・デ・プレばかりを歩いている自分がいた。もう一人の自分は「まだまだ見ていない場所がいっぱいあるで！ いいの？」と問いかける。が、「だってここがいいんだもん」と方向を変えない自分がやはりいた。「愛着心」を気質に持つ人は自分の「好き」に敏感であって、そこに身を置くと安心していられる。そういう人はひとり旅が向いているのだと思う。

ビバ！還暦　最高のごほうびを見つけにティファニーに勇んで行ったけど…

実はパリ旅行の直前に、とうとう60歳になった。ひと昔前なら赤いちゃんちゃんこを着て、おおいにお祝いされる年齢である。とはいえ人生100年時代、まだまだ働かなくちゃいけないし、年寄り扱いはごめんだ！という人も増えた昨今。わが家でも、母親の還暦を盛大に祝おうなんてムードは1ミリも湧いてはくるまい。

50歳からはじめたブログを一日も休まずに書き続け、ついに目標だった10年を迎えた。60歳はある意味ゴールでもあるのだ。そんな自分に自分でお祝いがしたい。そこで、ありきたりだが奮発してジュエリーを買おうと思ったのだ。これまで、ちょっと無理した金額のジュエリーを買ったことはある。でも10年分、いやここまでがんばってきたごほうびなんだから、「値札を見ずに買ってしまおう」と大好きなティファニーに行った。

私は左手首にはきゃしゃなバイザヤードのブレスレット、右手人差し指にはワイヤーリングをつけている。小さなものだけれど、自分の運気を上げるスキンジュエリーとして肌身離さずつけっぱなしのお気に入りである。次に買うのは60代の品格に合う特別なジュエリーだ。店員さんに「還暦のお祝いに」と言うのは小っ恥ずかしかったので、「記念に」と言いかえて一緒に選んでもらった。中央にイエローダイヤが鎮座し、その周りをメレダイヤが何重にもとり囲んでいる「ソレスト」である。確か100万円は余裕で超えていた。ティファニーのダイヤモンドの美しさには定評があり、多くの女性の憧れでもある。特にバブル期を経験した女性ならその思いは強いはず。60歳になった自分の右手の薬指につけてみると、手に刻まれたしわとシミの合間でキラキラと輝いている。この手の年輪にこそジュエリーが味方をしてくれるのだ。「すてき……」としばし見入ってしまったあとに、ふと冷静になって気づいたことがある。「今、この時間が満足のピークだ」と。これを買ってどこにつけていく？　家にあるダイヤジュエリーはここ数年つけていないではないか。

買ったときは最高にテンションが上がるが、そのあと、それ以上の感情にはならないであろう。つまり一時の満足のために記念品を買ってどうするんだ。そんな気持ちが湧き起こってきて、指輪を外した。そして、この金額を何物にもかえがたい「経験」に使おうと決心する。それが「いつか行きたい！」と言いながら、チャンスがなかったパリ旅行である。いつかと言っているうちは一生その日はこない。行くなら今だ！とティファニーを出て決心した。旅の予算は指輪の代金まで、だ！

海外ひとり旅に必要なお金と時間のつくり方

国内旅行であれば、思い立ったが吉日！とばかりにスマホとお財布だけ持って出かけてしまってもなんとかなる。でも、海外ともなると「資金と時間」の準備が必要だ。50代に入ると介護をしていたり、自分が病気になってしまったり、行きたくても身動きがとれない場合だってある。そして、子どもの学費が終わっていなかったり、それが過ぎれば結婚祝いを準備したり、持ち家の修繕費やリフォーム代だってかかるのがこの年代。仕事だっていきなり休むというわけにもいかないのだ。

まずは休みをつくるところから準備をしなければならない。休暇をとりやすいか、そうでないかは仕事や家庭の事情によるとは思うけれど、まずは「絶対に行く！」と決めることが肝心だ。そして、そのためにおおいに知恵を絞ってほしいと思う。これは、私の主観だけれど、「休み」があるからこそいい仕事ができるのだ。そうそう、以前働いていた会社の社訓の中に「遊ぶために働く」というものがあってすごく心に響いた。まぁ、私は、それを模範的に守っていた社員だったと思う。

次に、「時間」はあっても「お金」がなければどうにもならない。コロナが落ち着いてから世界的に物価が上昇している。原油価格が高騰しているせいで、燃油サーチャージも値上げされているので航空券も高くなっている。だから、計画的に旅費をつくっていかねばと思う。パリに限ったことではないが、ヨーロッパのベストシーズンは春から秋にかけての季節だ。ただし7、8月にパリ市民はバカンスに出かけ、街はからっぽになるそう。パックツアーが安くなるのは年末年始を除く冬季。個人旅行の航空券が安くなるのは夏のハイシーズンと大型連休以外。私も、航空運賃やホテルの宿泊費の値動きを小まめにチェックして時期を選び、今回はパリがローシーズンに入ったばかりの11月初旬にした。実際のところ、日照時間も日本の冬と同じくらいで、連日の曇り空に、ときおりしとしとと雨が降った。自分は晴れ女だと自負していたけれど、厚い雲には勝てなかった。これが一生に一度の旅になるかもしれないと思うのなら、飛行機・ホテルの安さだけで日程を決めるのはあまりオススメできない。

まず先に、何を重視するのかを決めて予算を立てよう。そしてどうやって工面するかアイディアを絞り出そう。そして実行しよう！

これまでに私が実践したお金の工面の方法は

① 旅行会社の積み立てをする
② ショッピングのポイントを貯める
③ ブランド買い取り店でタンスの肥やしを現金化
④ クレジットカード利用でマイルとポイントを貯める
⑤ ショッピングの前にポイントサイトを経由
⑥ ボーナスから旅行貯金をする
⑦ 楽天アフィリエイトをする

会社員時代には、①旅行会社の積み立てと②地元のデパート系列のショッピングポイントを掛け合わせて旅行代金の大半をまかなったりした。今は旅行会社の積み立てをやめて、④クレジットカードを1枚に絞ってマイルとホテルの無料宿泊ポイントを貯めている。今回のパリ旅行のために知恵を絞ってポイントを貯めまくった。おかげで現地のホテルは宿泊税だけの支出で済んだ。こういうのをポイ活というのだけれど、やりはじめたらおもしろくなってきて、もはや真剣な遊びになっている。遊びこそ真剣に……が人生には大事だ。

①

もう年なんで、マイルを貯めて飛行機の席をアップグレード

飛行機を利用せずにマイルを効率よく貯める人を「陸《おか》マイラー」と呼ぶ。50歳まで海外旅行以外で飛行機に乗ったことがなかった私。「マイル」なんて貯まりっこないと思っていたけれど……この年齢になるとエコノミーの席が体にこたえるのだ。というか、「楽」を知ってしまった。前回ハワイに行ったとき、プレミアムエコノミーを利用したら、格段に快適だった。空港の専用ラウンジも使えてワンランクアップした旅を楽しめたのだ。人は一度、楽なことを覚えてしまうと、もう元には戻りたくないもの。いったいビジネスならどんな時間を過ごせるのだろうと考えだしたら、もうどうにも好奇心が止まらない。

とはいっても、ビジネスクラスをまともに購入できるほどの稼ぎはない。なので、マイルをコツコツ貯めるようになったのだ。パリ旅行の前に、沖縄にひとり旅をしたときは往復マイル利用で飛行機代「ゼロ」。これに気をよくして、国内の移動にマイルを使いすぎちゃった。いざパリに行こうとしたときには、全然マイルが足りなくて、しかたなくアップグレード航空券を購入することになった。往復6・6万マイルで人生初のビジネスシートをゲット。エコノミークラスとビジネスクラスは、いったいどう違うのか。

① 手続き関係が優先される

エコノミークラスとは異なる専用チェックインカウンターで優先的にらくらくチェックインできた。待ち時間が少ないぶん、免税店や専用ラウンジでくつろげる時間も多い。空港に到着したら早い順番でおろしてもらえるので税関もスムーズ。

② 周りの人に気兼ねがないプライベート空間

エコノミークラスでは隣や後ろの人にどうしても気を使わずにはいられない。その気疲れがまったくといっていいほどなかった。ビジネスクラスのゆったりとした席をフラットにするとカプセルホテルのようだった。体を横にして寝られるというのは、こんなにも疲れ度合いが違うのかと思った。

③　おもてなしがすごい

上着をハンガーにかけておいたら、ＣＡさんが預かってくれて専用ラックに収納してくれる。収納棚に入れなくてもいいし、しわにもならない。座席について、ウエルカムドリンクを飲んでいると、ＣＡさんが挨拶に来られる。いままでこんなことされたことがなかったのでドギマギした。

④　有名シェフ監修の機内食とお酒

そして、食いしん坊の私にはたまらないほど機内食はおいしかった。壁に備えつけられているコントローラーで食事やドリンクをオーダーできるので気兼ねなく頼めた。機内で食べるハーゲンダッツは最高だ！

⑤　荷物の一個あたりの上限が10kg多い

ＪＡＬの国際線エコノミークラスでは通常預け入れ荷物の上限が一個あたり23kgまで。パリではお土産をしっかり買っちゃったので帰りは23kgを少し超えてしまった。ビジネスクラスは一般的に一個あたり32kgまでＯＫ。この10kg近い差は大きい。

ＪＡＬが好きというのもあるけれど、とにかくＣＡさんがしとやかで優しい。パリまで直行便で13時間という長さだ。これはもうなんとしてもビジネスに乗りたいと思ってしまう。パリから帰ってきてからも、どうすれば効率よくマイルを貯められるのか、ずっと考えている。

パリのホテル選びはアクセスのよさを重視した

旅のホテル選びは、価値観がはっきり分かれるところだと思う。寝るだけなんだから、どこだっていい、という人もいれば、たとえ寝るだけでも落ち着く空間がいいという人もいる。絶対にシャワーだけじゃなくバスタブが必要だとか、繁華街はうるさいから、不便でも静かな場所がいいとか、言い出したらキリがない（笑）。私の場合は、

・清潔感
・広さ（大きな窓があること）
・よい立地

この3つは外せないし、さらに加えるとしたら信頼できる企業が運営していること

と。外資系ホテルのポイントをせっせと集めているのも自分が心地よい旅をしたいからにほかならない。あとは、ホテルの口コミも参考にしたい。私は、趣味でGoogleのローカルガイドをしている。自分が行ったお店のよかったところや、残念だったところを正直に投稿することで、誰かの役に立てれば嬉しいからだ。ただ、やっぱりいい評価をするときは、必要以上に甘口になってはしまう。私自身も、いい口コミだけを信じて泊まった宿で最悪の思いをしたことがあり、それからは評価が低い人の投稿も参考にするようにしている。

今回は、はじめてのパリということで、迷いに迷ったが、「街歩きをする」には、とっても便利な場所にある、9区オスマン通りのパリ・マリオット・オペラ・アンバサダーホテルにした。

・オペラ座を起点にしてホテルを覚えやすい
・ロワシーバス（空港からパリ市内までの直行バス）の発着地点に近くて空港までのアクセスが便利

・大好きな百貨店まで徒歩5分（ギャラリー・ラファイエット、プランタンなど）
・ルーヴル美術館まで徒歩圏内（20分ほど）
・メトロの駅やタクシー乗り場も徒歩で5分とかからない

という、立地が魅力的だった。

実際に泊まって知ったのだが、ホテルの8階のラウンジからは、エッフェル塔やモンマルトルの丘までパノラマ的にロケーションを楽しめた。ただ、観光地ということもあってスリには気をつけないといけないし、殺伐とした空気を感じてしまった。ホテル自体はよかったけれど「次はもうないか」と思った。できれば次はサンジェルマン・デ・プレ地区の静かな場所で、ホテルをとるかアパルトマンを借りて自炊生活もいい。

ひとり旅だからって、なんでもひとりですることはない

私のひとり旅のモットーは「ひとりでがんばらない」である。そのために「こうしなきゃ」とか「こうあるべき」を封印していい。近くにメトロの駅があっても、怖ければタクシーで移動したっていい（私のこと）。街歩きに自信がなければガイドを雇って案内をしてもらえばいい（これも私のこと）。すいも甘いもかみ分けた60歳とはいえ、はじめてのことは誰だって緊張する。わからないことはわからないし、怖いものは怖いんだもん。ひとり旅とはいえ、はなからたったひとりで「なにもかもする」とは思っていない。頼れるものは頼って、思いどおりの旅にしちゃおう！の精神だ。はじめてのパリだし、フランス語は話せない、スリなども多発しているそうなので、慣れるまで日本語アシスタント貸切りサービス（観光や街歩きを案内してくれる

ツアーガイドさんのようなもの）を利用した。パリ到着の翌日に3時間半。3日目は7時間。現地のツアー会社のサービスをいろいろと比較して慎重に選んだ。還暦を過ぎたおばさんだからこそ、フラフラと歩いていたり、スマホを片手にキョロキョロしていたら狙われるかも。だから、ガイドさんと過ごす時間は、まるでパリに住んでいるかのように振る舞えるための短期集中訓練みたいなもの。年を重ねるというのは悪いことばかりではない、3分あれば誰とでも仲よくなれるすべを知らぬ間に身につけている。知らない街で知らない人と一緒にいることに何ら抵抗感がない。

ガイドの方は女性で、各日別の人が担当してくれた。お二人とも拝見したところでは50代くらいの落ち着いた感じの方だった（年齢を聞くなんてできない）。どちらの方も住んでから10年以上たっていて、パリを知り尽くしたマダムたちだった。自己紹介もそこそこに「どうしてパリへ？」などにはじまって、プライベートのあれこれに会話がはずんでいく。「パートナーシップ」や「介護」など50代の多くが抱える「あるある」をおしゃべりしながら観光を楽しんだ。ひとりだったら、わからずに通り過ぎてしまう場所や、見過ごしてしまうことなども、しっかりフォローしてくれて助かった。旅は一期一会を大切にする時間だけれど、一期一縁を楽しむ時間でもあると思った。ひょんなことからパリでお友達をつくれちゃうかもしれない。

羽田空港サクララウンジにて、シャンパンと人気のカレーライスで出発前に乾杯！

宿泊したホテルの8階ラウンジ窓から。夜にはエッフェル塔のシャンパンフラッシュが輝いていた

第2章

とうとうパリにひとりで来ちゃった！

何もかも〝はじめて〟のパリひとり旅。やりたいこと、会いたい人、「いつか」を「今」に変えて叶えていく大阪のおばちゃん（私のこと）、にわかパリマダムを目指す！

ひとり旅は山登りとよく似ている。到着した空港が頂上で あとは景色を見ながらゆっくり下る

ひとり旅というのは山登りと似ていると思う。基本的には交通手段や宿泊先、荷物など自分で段取りをつけていく。そこからひとり旅という山を登りはじめ、途中、小休憩するのが飛行機の中だ。そこでは、これまで登ってきた山道（準備）を振り返り、がんばった自分を癒やして、リラックスするよう心がける。飛行機を単なる移動の時間にしてはもったいない。これからはじまる数日間のワクワクを存分に楽しむ時間にしたい。そして、ついにシャルル・ド・ゴール（CDG）空港におり立った瞬間、山の頂上に登った感覚になったのだ。そこから反対側に広がるパリの風景（期待）を存分に味わって、あとはゆっくりと周りの風景を楽しみながらおりていく。そ

して、おりきったところが帰りの飛行機の中であろう。

この章では、大阪のおばちゃんが「とうとうパリにひとりで来ちゃった！」という到着の瞬間からはじまり、行程に沿って今回の旅を振り返っている。ページをめくりながら、みなさんも一緒にはじめての海外ひとり旅を味わっていただければ嬉しい。

◆美しい思い出だけをつくりたい、と心に誓う

ひと口に旅をするといっても、どんな旅をするかはいく通りもある。はじめてのパリだから、ややもするとぎゅぎゅっとパリの基本を詰め込みそうなところを、あえて有名な観光地をパスしてでも、まるで住んでいるかのように落ち着いて過ごす時間をたくさんとった。気分はにわかパリマダムなのである。そのポイントは……

① ホテルは自分のお部屋のように整える
② 街歩きを楽しむ
③ お気に入りを見つける

④　現地のカルチャーを体験する
⑤　会いたい人に会いに行く
⑥　食べたいものを食べたいときに食べる
⑦　ガイドブックは持ち歩かない

そういう気持ちでＣＤＧ空港の到着ゲートを抜けた。いよいよもう、引き返せないのだと気持ちが引き締まった。ここを抜けたら「ぼっち」でがんばらねばならない。「パリに着いた！」という感動は一瞬にして消え去り、頭の中は無事にホテルまで着くことと、相棒のスマホを使えるよう差しかえたＳＩＭカードをしっかり設定する、2つのミッションで頭がいっぱいになっていた。

周りの風景を見る余裕ができたのは、タクシーに乗り込んでからだった。タクシーの運転手さんはとてもフレンドリーであれこれ話しかけてくれ、運転しながらガイドまでしてくれた。途中、偽物と思《おぼ》しきブランド品やスポーツウエアなどが無造作に並べられたにぎやかな露店街を通った。私が想像していた美しいパリとは似ても似つかない雑多な風景に、「この風景がパリのはじめましてかぁ……」と少し残念に思いつつも、キレイなところだけを見るのが旅じゃないんだろうとも思った。おばちゃんとはいえ女性のひとり旅だ。「美しい思い出をつくって終わりにしたい」。そんな気持ちになったスタートでもあった。

◆まずはピエール・エルメのスイーツを食べる

私が大好きなザ・リッツ・カールトン京都のラウンジ。どういうわけか、とても集中力が高まり感性が研ぎ澄まされる気がするのだ。そこではパリで有名なピエール・エルメ・パリのスイーツがいただける。私のお気に入りはマカロンとコーヒーのセットだ。

ホテル到着は夕方近くだった。観光には出かけず、はじめに「本家ピエール・エルメでスイーツを買って食べよう！」と決めていた。狙うは、マカロンではなくシグネチャーである看板ケーキの「イスパハン」。

さて、Ｇｏｏｇｌｅマップで検索するとオペラ店ならホテルからも歩いて行けそうな距離である。もういい大人なのに、はじめてのおつかいのように緊張する、用心深い私である。オペラ座の周りはスリがいっぱいいるんじゃないの？　着いた早々に財布をすられたり、スマホをひったくられたりしたら、旅が台無しになってしまう。ホテルの回転ドアを押して出たところでスマホをカバンにしまって、足早に歩いていく。「急げ！　日が落ちたら女性のひとり歩きは危険なんだから」。ときどき周囲を気にしながらスマホをとり出して方向を確認する。どれだけ用心深いのだろう。このときの私は、路地でたばこをただ吸っている男性がスリに見えてしかたなかった。通りに誰も歩いていなければ、走って突っ切った。だって、怖いんだもん。ピラティスで鍛えた脚力がこんなときに役に立つなんて。知らない人が見れば、ええ年をしたアジアンのマダムが走っている姿のほうがよほど怪しいであろう。

Ｇｏｏｇｌｅマップのおかげで迷わずお店の前まで来られた。「やった！　無事に到着」。有名店なのでもっと立派な店構えを想像したけれど、町の小さなケーキ屋さんという感じだった。女性の店員さんとパティシエ風の男性の二人が入り口付近の棚の前で腰を落として作業をしている。その後ろを「ボンソワール」と元気よく通っていったが、気づいてもらえなかった。「無視された?」と小さなショックを受けたけれど、自分じゃ大きな声のつもりでも聞こえないくらいの小声だったのかもしれない、と気持ちを立て直す。するとショーケースの向こう側にいた男性が気づいてくれて「ボンソワール」と笑顔で返してくれた。めちゃくちゃ男前ではないか。私は、これ以上できません!というくらいのほほ笑みを返した。こんなイケメンと笑顔だけで終わらせるのはもったいないと「お店の写真を撮ってもいい?」とカタコトの英語で話しかけてみたら、「もちろん」と返してくれた。顔も性格もめちゃくちゃいいじゃないかと、嬉しくなった。そのままの勢いでショーケースに光る「イスパハン」を見つけて、「コレください!」と言ってから、まだまだ話し足りない私は「これは日本でも大人気なんですよ~」は英語でなんて言うんだろう?と考えていた。すると「ほかにはいらないの？」と聞かれて慌てて「おっけ！」と返事するのがやっと。話したい相手と話せないもどかしさを到着して数時間で経験する。たった1つが小さな箱におさめられ、ショップバッグに入れられて渡された。また行きたいと思いつつもイケメンとはこれが最初で最後になったのだ。

さて、来た道を戻ろうとしたけれど、行きに見えた景色と戻るときの景色は違うもので、なんとなく勘を頼りに歩いていた。振り返ると違う景色に見えるのは人生とおなじだなぁと思いながら箱が揺れないようにゆっくりと歩いた。行きに、ホームレスのおじさんが道に座り込んで視点の定まらない目で通りを眺めていたのを見かけた。よく覚えている理由は、その前を通るのがはばかられる気がしたからだ。そのおじさんがまた目の前に現れたので、迷子になっていないことを確信できた。「おじさんありがとう！」と心の中でお礼を言って、前を通った。

こうして無事にホテルに戻ったころには日が落ちはじめていて、さらに街の風景が変わっていく。「よかった、暗くならないうちに帰ってこられて」とほっとした。さっそく電気ポットでお湯を沸かし、ドリップコーヒーをいれてケーキを食べようと思ったが、お皿がなかった。しかたなく箱をお皿にしたが、かなり味けない見た目となった。でも、そんなことはマイナスにならないほど、ラズベリーがとても新鮮で、甘さとすっぱさのバランスがちょうどいい。そしてほんとにおいしい。一つ懸念していたが、外国によくありがちの、ただただ甘いだけのケーキだったらどうしようと思っていたが、日本のケーキよりも甘くなく、あとに残る嫌な甘さがまったくない。そして、こんなに濃厚なクリームを食べたことがないと言っていいほど、味わい深いクリームに感動すらした。エレガントなピンクのバラそのままを形にしたようなケーキ。生地もサクサク。「何これ？　ほんとおいしいんだけど」と次々に口に運んでいたら、あっという間に食べ終えてしまった。これなら2個でも3個でも食べたいくらいだった。

こうして、パリの最初のミッションはほっぺが落ちるほどのおいしさで終えることができた。いい旅のスタートを切ったのだ。余談だけれど、日本に戻ってから、ザ・

リッツ・カールトン京都で「イスパハン」でお茶を楽しんだ。ちょっと意地悪な私は、舌が覚えているうちに味比べをしたかったのだ。「あのときのクリームの味を上書きするなんてできないな」と知った。

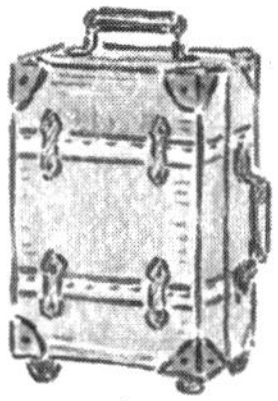

これは引き寄せ？ 大阪から知人がパリに集合！

もし、一緒にパリを楽しんでくれる人がいたら、ひとり旅でなくてもよかった。ひとりでも誰かと一緒でも、きっとパリは期待を裏切らないであろうと信じていたからだ。なので「私も行きたい～」という人には「一緒にどう？」と声はかけておいた。でも、そんなパッと決心できるような場所でもないし、ごはんを食べに行くかのようなノリで決まることでもない。

出発の2週間前のこと。月に一度フラワーアレンジメントを習っているフローリストの先生から、急遽《きゅうきょ》パリ旅行に行けることになったと連絡をいただいた。「もし、都合が合えばパリで一緒にランチをしよう！」というお誘いつき。1カ月前には「行きたいな～」「でも難しいな～」とおっしゃっていたのに、私よりも先に日本を出発されることになるなんて。なんでも、知り合いのアパルトマンを借りられることになり、急に決まったらしい。「思ったことがそのとおり叶うなんて」。これが引き寄せというものなのだろうか。とにかく私は自分のラッキーを心から喜んだ。

先生のご主人とも仲よくなっていて、何度か飲みに行っている。そういえば、3人だけで食事をしたことはこれまでになかったな。わざわざパリで一緒にランチを楽しめるなんて、とってもしゃれている。おいしい料理をひとり占めする幸せもいいけれど、好きな人たちとおいしさや楽しさを分かち合うという幸せもいい。この両方をひとり旅で経験できるなんて贅沢すぎる。現地で誰かと会う約束ができるとひとり旅の楽しみはグンと大きくなる。

◆地元の人が教えてくれた人気の創作フレンチ

先生がアパルトマンのオーナーから耳よりの情報を教えてもらったという。パリ11区のガルデット広場の向かいにある「ウノエ（EUNOÉ）」。2023年4月にオープンしたばかりの日本人シェフが率いる創作フレンチのお店だ。「地元の人にも愛されるおいしいお店」なんだそう。ええ？　せっかくパリに来たのに、日本人のお店に行かなくても……と言われるかもしれないが、これまで数こそ少ないけれど海外旅行した先でおいしいといわれる店に行ってはきたが、やっぱりねぇ、繊細なというか日本人にしかわからない「味覚」があるんじゃないかと思う。私が、事前にマークしたお店も日本人シェフのお店ばかりだった。これぱっかりは60年の舌の歴史がそうさせてしまうとしか言いようがない。

さて、到着して2日目。午前中パリ市内観光を楽しんだ私は、タクシーに乗ってお店の前まで来た。軒先の赤いテントの真ん中に白でEUNOÉとお店の名前が書かれていた。全面ガラス張りのドアに窓やドアの枠が白で統一されていてカジュアルな店構えだ。これなら、中の様子をうかがえてひとりでも入れそうと思った。先に来ていたご夫婦が店の中から小さく手を振ってくれているのが見えて、なんだか安心する。お店は共同経営者のフランス人男性ともうひとりでホールを回しており、とってもきびきびとした動作で狭い店内を動き回っている。メニューを渡され、Ｇｏｏｇｌｅ翻訳で画像翻訳してメニューを読むことにする。日本人のお客さまは私たちのほかに、隣の席で中年のカップルが食事を楽しんでいた。

オーダーを聞きに来られたときに、よくわからなくて困っていると、その隣の席の女性が通訳をしてくれて助かった。こなれた感じのオシャレな佇まいから想像するに、住んでいらっしゃるんだろうなぁと思う。

各々、前菜とメインを1つずつ注文してシェアすることになった。食いしん坊の私は、「いけない」と思いつつもほかのお客さまのテーブルをガン見して品定めをしてしまった。「わわっ！　どれもこれもおいしそう！」。よそのテーブルに運ばれていくお料理のカラフルさにワクワクが止まらない。

それでは、私たちがおいしいを連発しながら食べたお料理のほんの一部をご紹介。

1品目は【ブルターニュ産のますの赤じそマリネ】。歯ごたえのある食感を楽しむ季節の野菜のクロッカンは「カリフラワー」と「ロマネスコ」を合わせてある。その上にカリフラワーのホワイトムースをふんわりとかぶせ、表面には味のある花びらとしそ、わさび菜が飾られていた。思わず「キレイ〜」と見入ってしまうほど、見て楽し、食べてうまし。

2品目は、ちょうどハロウィンが過ぎたころだったので、季節感がたっぷりのオレンジ色の【西洋かぼちゃのロティ】（オーブンで高温で焼いたもの）。洋梨のような味わいのマルメロのコンポート・カルダモン風味やセヴェンヌ産の白玉ねぎのオーブン焼きが添えられており、18カ月熟成のコンテチーズのクリームソースが上からたっぷりとかけられ、オリジナルのコンディマン（調味料）がアクセントになっている一品。これにも花びらとフキの葉に似た葉が飾られていた。食材が本当にいいんだろうと思う。関西では兵庫県の淡路島《あわじしま》の玉ねぎがなんといっても甘くておいしいのだけれど、焼くことで甘みがぎゅっと濃縮されるのだろうか。苦みと甘みの両方が「うまみ」になって、主役級のおいしさだった。

隣の席の人たちがおいしそうに食べているのを見て選んだのは、【野生きのこの散策】。じゃがいものムースの上にきのこのソテー（あんず茸、ミキイロウスタケ、ポルチーニ茸、シロカノシタ、クロラッパタケ）、黒トリュフもおでましです。少しブラウン寄りのソースは、貴腐ワインのソース。かたいパンのようなものが添えられていた。フランスはきのこがほんとにおいしいと思う。私は、毎日のようにどこかできのこを食べていた。

「もう食べられない」と言っていたのにもかかわらずスイーツまで食べきっちゃった。夢中になっていたせいか、すっかり長居をしてしまい、ほとんどのお客さまは帰られていた。きっと午後からの仕事に戻ったのかな。それから、私たちはマレ地区をぶらぶらと散歩して、バスティーユ広場の前でお互いの旅をたたえて別れた。きっと、一生忘れない思い出になったと感じながら。

左上はブルターニュ産のますの赤じそマリネ。右上は野生きのこの散策。左下はブルターニュ産あんこう備長炭焼きと季節の野菜。右下はいちじくのデグリネゾン

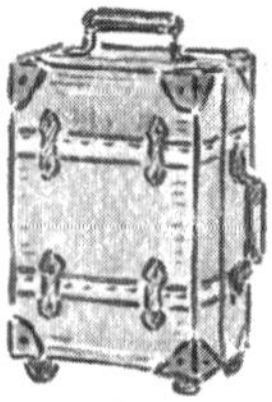

憧れの「ル・グラン・コルベール」に。恋人はいないけれど…、憧れのエリカ・バリーを追って

2003年にアメリカで公開された熟年男女の恋愛をテーマにしたラブコメディ映画『恋愛適齢期』を観たことはありますか？ 人気劇作家のエリカを演じるダイアン・キートンと、若い女性とだけ恋愛遍歴を重ねていく実業家ハリーを演じるジャック・ニコルソン、ハリーの主治医でエリカのファン、のちに恋人になるジュリアンをキアヌ・リーヴスが演じている。3人の大人の恋の行方を描いたのはナンシー・マイヤーズ監督。ロバート・デ・ニーロとアン・ハサウェイで世代が離れた異性との友情を描いた『マイ・インターン』も撮っている監督だ。

今から20年前というと、私は子育て真っ最中で、映画館にはとんと縁がなかった。

50代になり、ひとりの休日を楽しむためにAmazonプライム・ビデオを観るようになってから、はじめてその映画を知った。画面の中のダイアン・キートンのように白いセーターが似合う女性になりたい。起業してまもなくのセミナーでいつも白のハイネックセーターを着て登壇していたのは、彼女の影響を受けていたからだ。エリカは筆一本で活躍する人気劇作家で海辺の静かな別荘で執筆活動に専念する。その仕事部屋がとってもすてきで、エリカにはとうていおよばないとしても、いつか私も自分だけの家をもって愛犬が庭で戯れる様子を眺めながら執筆することを夢見ている。

映画のストーリーは割愛するとして、クライマックスのシーンでは、パレ・ロワイヤルの裏手にある「ル・グラン・コルベール（LE GRAND COLBERT）」というレストランでエリカの誕生日を恋人のジュリアンと祝っているところに、ハリーがエリカを探しにやってくる。二人がつきあっていると知ったハリーは遠慮しながらも3人で食事を楽しむのだが……。最後には、エリカがハリーを愛していることに気づき、二人はアルコル橋の上でお互いの気持ちを確かめ合うのだ。私は、この映画を暇さえあれば観ている。特にパリに行こうと決めた日からリスニングを強化しようと、BGMのように流していた。そして、パリではエリカになりきって「ル・グラン・コルベール」で食事をしようと決めていたのだ。でも、である。たったひとりで、エリカになりきるのはいくらなんでも寂しすぎる。現地でハリーを調達できるほどの器量も度胸もありはしない。そこで、ガイドさんと一緒にランチすることにした。

さて、当日のこと。パリに着いて3日目のこの日、午前中はモンマルトル界隈を観光し、そのあとに訪れた。お店に予約を入れたときに、映画の撮影で使われた席をリクエストしておいた。なんとガイドさんはこの店の常連で、よくお客さまを連れてきているのだそう。映画の話はご存じなかったけれど、アメリカ人の観光客がどうして多いのだろうと不思議に思っていたが謎が解けた、と喜んでいた。

それにしてもこんな偶然があるのだろうかと驚くばかりだった。ガイドさんは、コロナ前まではジャーナリストとして活躍もされており、いわば私たちは「書く」ということを生業にして生きてきたという共通点があったのだ。本当に奇遇である。そうそう、私ときたら事前に日本から席をリクエストしていたのはいいのだが、日本語でメッセージを送っており、当然、お店の人は読めなかったらしい。ガイドさんが私の熱い想いを流暢なフランス語で代弁してくれて、幸運にもエリカが座った席をゲットできたのだ。もし、ひとりで来ていたら、どうなっていたかはたやすく想像できる。

長年、夢に見ていたレストランで食事するというのに、ミネラルウォーターでなどと辛気くさいことをやってはいられない。私たちはワインで乾杯し、映画でエリカが好きだと言っていたローストチキンを食べることにした。ギャルソンが「ダイアン・キートンも食べました」と教えてくれてテンションが爆上がりした。私たちは、初対面なのにプライベートなことまで語り合って、おおいに食事を楽しんだ。お味に関しては可もなく不可もなくといったところだけれど、接客が丁寧だったし、落ち着いた雰囲気で居心地がよかったので、今度は夜に行ってみようと思う。ただ一つ残念だったのは、私が着ていたハイネックのセーターがグレーだったことだけだ。

パリの喧騒から離れて郊外の古城巡り、大人の日帰り旅へ

到着して4日目。連日新しい情報が目に飛び込んできて脳が疲弊しているころではないかと、パリから離れてロワールの古城巡りを旅のプランに入れておいた。警戒心の強い私は、常にスリに用心しており、ここらで日本にいるかのようにリラックスしたかったのだ。それで日本のツアー会社が主催する一日がかりの観光ツアーに申し込んでいた。短期旅行の人にはオススメしないが、時間的に余裕がある旅なら、バスの旅や列車で郊外を旅するのもいいものだ。

全長が約1012㎞、フランス最長の川がロワール川。その渓谷には数々のお城があり、世界遺産となっている。バスの車窓から眺める農地や森の風景。ときどき出会う野生の動物にきっと癒やされるだろう。大型バスで、参加者は7グループ。おひとりさまは私と、女性がもうひとり。80歳くらいのご年配のご夫婦がいたり、新婚旅行のカップルがいたりして、年齢の幅もたいそう広い。こんなときは、おひとりさま同士が仲よくするものだろうか……。思うに、話しかけられやすい人というのはきっとウエルカムオーラが出ているはず。自慢じゃないけれど、この60年間で一度だって「話しかけやすい」と言われたことはない。普通にしているのに「ツン！と澄ましている」と言われてしまう。それはパリに来ても同じだろう。とはいえ、旅に来てまで周りにどう思われるかを気にするのもおかしな話だ。ここは、もう、ありのままの自分でいこうじゃないか。

するとと、本当に誰からも話しかけられることもなくツアーははじまった。お城では旗を持つガイドさんのあとをぞろぞろとくっついていく。イヤホンをつければ、ガイドさんと少々離れていてもしっかり説明は耳まで届く。本当に便利な世の中になったと感心した。ひとりでも、誰かと一緒でも、鑑賞する作業というのは結局のところ自分ひとりのもの。だから十分楽しめる。問題は、ランチタイムだ。あらかじめ決められていたレストランの一角に団体席が設けられており、ガイドさんに席を指定されて着席する。これがつらい……。全然知らない者同士が、同じツアーに参加したというだけで、ある時間をものすごく至近距離で共有しなきゃならない。こんなとき、ツアーに含まれる料理がおいしければ、沈黙は一気にはじけるのだろうけれど、見事に普通だった。

ここはひとつ、自分の感情に正直になって、ただ静かに料理を食べることにした。そのうち、年配のご夫婦が隣の席の新婚カップルに話しかけ、出身地やら職業やらをうまく聞き出して、ご自分たちの普段の暮らしについて話してくれたので助かった。穏やかな語り口や優しいほほ笑みがとても自然で、テーブルが温かい雰囲気に包まれる。私の頭の中は、この場をどうしようか忙しく考えていたけれど、「自然体でいる」ことのほうが大切じゃないのかと気づかされた。とはいえ、やっぱり団体行動は苦手だ。

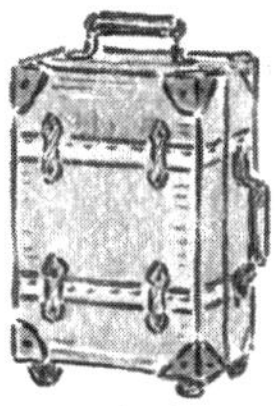

その潔い生き方に憧れていた フローリストに会いに行ってきた

私が行った時期のパリは曇り空が続き、ときどき雨が降るようなお天気だった。ただ午後になれば雨が上がるという日が続いた。その日も、朝からずっと雨が降り続いていた。「あぁ〜、雨かぁ。外に出たくないな〜」。私は、大の雨嫌いで、昔は雨が降ると会社に行くのが本当につらかった。同僚にぶつくさ文句を言いはじめるので、「雨に濡れたらとけるのか⁉」ときつく突っ込まれたこともある。起業した理由の一つは、雨の日には会社へ行きたくないから、であるからそうとう苦手だ。

パリ5日目。朝からカフェでお茶をして、いくつかのパン屋さんでクロワッサンを買って、お昼はリュクサンブール公園でピクニックをするつもりだった。芝生（あるかどうかまで調べていないが）の上に家から持ってきたクロスを敷いて、コーヒーを飲みながらじっくり味比べするつもりだった。この様子じゃ、雨が上がったとしても地面は濡れているし、寒いのでピクニックどころではない……。しかたなく、近くのギャラリー・ラファイエットの食品館で、パンやお惣菜を見て回ったり、お土産を購入したりと、デパートグルメを満喫して目でおなかがいっぱいになった。そうそう、パリはコーヒー文化だけれど、紅茶もおいしい。日本でもおなじみの紅茶ブランド、1854年創業の「マリアージュ・フレール」のお店があったので、迷わず購入。雨が降ってくれたおかげで、いい買い物ができた。

午後からは、パリ6区オデオン広場のそばにある花屋さん「ローズバッド」でフラワーデザイナーの斎藤《さいとう》由美《ゆみ》さんのプライベートレッスンを受けに行く。パリに行こうと決めたときから、チャンスがあれば受講したいと思っていた。きっかけは、2016年のこと。テレビの某ドキュメンタリー番組で特集された斎藤さんのパリでの暮らしぶりを拝見し、感銘を受けたのだ。その数年前、私は京都のカフェ「松之《まつの》助《すけ》」のオーナー平野《ひらの》顕子《あきこ》さんがテレビでアップルパイを作っている姿に、「人生を変えるのはこれだ！」とひらめいて、平野さんのケーキ教室に通った。このお二人の共通点は離婚して海外に飛び出し、人生を変えていることだ。今だからこそ言えることだけれど、当時の私は、「人生を誰かに預けず、自分で創っていく人」に強い憧れを抱いていたんだと思う。無意識に自分のなりたい姿を追っていたにちがいない。

平野さんとは、2022年の冬、懇意にしている出版社に対談の企画を持ち込んで「女性の生き方」を語り合えた。今回の旅で斎藤さんにぜひお会いして、あのときの羨望の気持ちを昇華させたいと思ったのだ。私もほんの楽しみ程度だけれど、フラワーアレンジメントを習ってはいる。第一線で活躍されているフローリスト直々に手ほどきしていただけるなんて、こんな嬉しいことはない。ただ、「こんな私が習っていいものか」という気持ちはあった。教えるほうだって相手を選びたいであろう。その不安をフラワーアレンジメントの先生に相談したところ、「そんなことはないから、申し込んでみたら」と背中を押してもらったのも大きい。

人生50年を超えたら「いつか」はやってこないかもしれない。だから会いたい人には会いに行こうと決めている。ということでドギマギしながら「はじめまして」と挨拶を交わした斎藤さんの第一印象は、凛とした美しさがあり、笑顔がすてきな女性だった。和やかな雰囲気のなか、パリで自分だけのブーケ・ド・マリエとコンポジションの2つを作った。素人の私に丁寧に教えてくださるので楽しいレッスンだったし、勉強にもなった。本当にエイッと勇気を振り絞って会いに行ってよかった！

さて、困ったのは、ホテルの部屋に花瓶がないことだ。コンシェルジュに花瓶を貸してほしいとお願いすると、まったく小さすぎるものと抱えるのも大変なほど大きなものを見せられ、諦めた。「困ったなぁ」と部屋の中をキョロキョロと見渡してみると、アイスクーラーがあったのだ。そこにブーケ・ド・マリエをさしてみると、はかったかのようにジャストサイズだった。ステンレスの花器にピンクのバラ。私的にはすごくマッチしているように思う。それを洗面室に飾ったら、一気に華やいだ。コンポジションはテーブルの上に飾る。こうして部屋に花のある暮らしがはじまった。最後は蚤《のみ》の市で買った小瓶に生けかえたりして、かれんな様子も楽しめた。カルチャーは観るだけではなく、実際に現地で体験してみるとパリのよさがグンと感じやすくなると思う。今度はチーズのセミナーに参加したいと思っている。

レッスン終了後に、お店の前で斎藤さんに撮っていただいた1枚。服装が……イマイチ

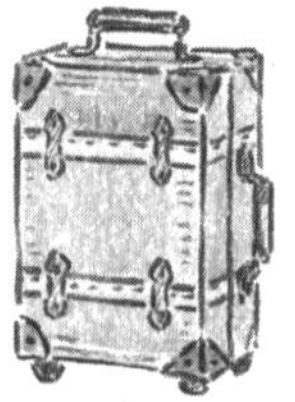

とうとうパリにひとりで来ちゃった！　②

パリで一番したかったこと！ サンジェルマン・デ・プレの街歩き

パリ6日目の朝を迎えた。正直、あっという間だった。私がしたかったのは、毎日のようにカフェでお茶することだったのだが……まだ1回だけという、「何してんねん！　私」である。「今日こそ！　お茶したい！」と窓から外に目をやると小雨模様だった。トホホである。

雨が降っているとカフェのテラス席でお茶をするのは難しいなぁ、なんて思うけれど。とりあえずホテルを出ることにした。オペラ通りからカルーゼル広場を目指して直進し、ルーヴル美術館のピラミッドを横目にしながらセーヌ川を目指す。ポン・デ・ザール橋を渡ってセーヌ川沿いを少し歩いて、サンジェルマン・デ・プレに向かうとカフェ「レ・ドゥ・マゴ（LES DEUX MAGOTS）」がある。創業は1884年にまで遡《さかのぼ》るが、ヘミングウェイやピカソ、サルトルなどの多くの文化人が集まった老舗カフェだ。ちょうど雨が上がり、地面は濡れているけれど、テラス席にも人が集まってきている。私の目の前にいたムッシュがテラス席に座ったので、私もあとからついていって隣のテーブルの椅子に座ってみた。内心「勝手に座んな」というぞんざいな扱いを覚悟して（笑）。チラッとこちらを見るギャルソンの目が冷たいように感じた。

ちなみに、カフェの基本ルールはこの店で見よう見まねで覚えた。
注文の仕方：ギャルソン（店員）が注文を聞きに来るまで待つ。呼ぶときは手を上げて「ムッシュー」と声をかける。
お勘定：テーブル担当のギャルソンにする。ほかの人に声をかけても「あとで」とか「無視」されてしまう。急いでいるなら飲み物を持ってきたときに、その場で支払う。

私が座ったあとから、どんどんお客さまが増えだして行列ができた。おなかがまったくすいていなくて、タルトタタンが有名だそうだが食べられそうにもない。隣のテーブルのムッシュは、オムレツとクロワッサンを頼んでいて朝食のようだった。そのお隣は、ビールを飲みながらクロックマダムを食べていた。食事をするとテーブルにはクロスがわりのペーパーシートが敷かれるようだ。コーヒーだけ注文した私には何もない……。これが日本だったら「え？　なんで私にはないのん？」と絶対聞いているけれど、言えない自分がもどかしい。パリのテラス席には、アジア人は座らせてもらえないという都市伝説を信じていたので、「私だけ差別された！」といじけていたが、今思えばきっと何かルールがあるのだろう。

この店の並びには、同じように老舗のカフェ「カフェ・ド・フロール（Café de Flore）」がある。おいしいコーヒーを飲みたくて最終日はまた「レ・ドゥ・マゴ」に行くつもりだったけれど、たまたま「カフェ・ド・フロール」の前を通りかかったときに一つだけテラス席があいているのを見つけた。愛想のよさそうなギャルソンに「ここに座ってもいい？」と聞くと、笑顔で「どうぞ」と言ってくれ、親切な態度でホッとした。ここもサルトルやボーヴォワールが通ったという、超有名店。今度は、テーブルに着くなりペーパーシートを敷いてくれた。コーヒーとクロワッサンとタルトタタンを注文。「クロワッサン」と言うと「クロワッスン?」と聞き返され、発音を覚えられた。それにしても、めちゃくちゃ繁盛しているカフェだった。でも理由がわかるもん。ひとりぼっちのアジアン(私のこと)であろうが隣の席に座ったモデル風の美女であろうが、同じように接するギャルソン。店内の席からテラス席にかえたいというお客さまにも、嫌な顔ひとつせずテーブルをつくっていた(忙しいのに)。自分の持ち場をきびきびと動き回るギャルソンの振る舞いも文化の一つだ。それをじっくり眺めながらひとりコーヒーを飲んでいた。いつまでも記憶に残るカフェだった。

◆日曜日のパリはお店が休み! カルチエ・ラタンの街歩き

「レ・ドゥ・マゴ」でお茶をしたあとは、カルチエ・ラタンまで気の向くままにお散歩だ。途中でリュクサンブール公園の近くにある雑貨店「マラン・モンタギュ

(Marin Montagut)」に寄って、パリでの一期一会を楽しみたいと思っていた。パリ6区サンジェルマン・デ・プレ界隈は落ち着いていて、人通りも少ない。観光客というより地元の人が通りを歩いている感じがして、パリという街の素顔を垣間見れる。

「それにしても、歩いている人が少ないなぁ。みんな出かけないのかしら？・」なんて思いながら、お店にたどり着くまで辺りをキョロキョロしながら歩き進めた。すると狭い通りに何やらすてきな本屋さんを見つけた。窓辺に飾られたディスプレイがオシャレで絵になっている。フランスの本の表紙はいちいちオシャレだと思う。読めないけれど飾ったら絵になるものが多い。お土産にそんな一冊が見つかればいいなぁ、なんて思い、中に入ろうとしたら休みだった。「なんだぁ。残念だなぁ」と、また、再び目的地まで歩きだす。10分ほど歩いただろうか。表にまで香ばしいパンのにおいが漂ってきて、吸い込まれるようにして店の中に入ってしまった。買わずに出るのは申し訳ないのだけれど、「このあとランチなの。ごめんなさい」して、出ちゃった。あとから調べてみたらバゲットが有名な「ラ・パリジェンヌ」というパン屋さんだった。そのお隣がお目当ての「マラン・モンタギュ」だ。

「やっと着いた！」と窓の外からお店の様子をうかがうと、なんだか薄暗い。「ええっ！　ここまで来て休み？」「どうして？」と思って、はたと気がついた。「今日は日曜日だった」。日本では日曜日は商売の稼ぎ時なので休まないけれど、そういえば2日目に行ったパッサージュ「パノラマ」でも休んでいる店が目立った。あの日は11月1日で万聖節《ばんせいせつ》といって、フランスが定める祝日だった。旅をしていると曜日の感覚がなくなっていき、日曜日だと気づいていなかった。人通りが少ないのはそのせいかもしれない。諦めきれない私は、窓ガラスに貼りついて中の様子をウンと眺め尽くした。マダム通りにあるこのお店に怪しいオバチャンが未練を漂わせていた。

さて、悪いことばかりじゃない。雑貨店に費やしたであろう時間がぽっかりあいたのだ。隣の5区までそぞろ歩きを楽しもうじゃないか。目的があって探すのもいいけれど、たまたま見つけたときのほうが喜びは大きい。それが「サン・シュルピス教会」だった。左右の塔が特徴的でノートルダム大聖堂と変わらぬ大きな教会なんだけれど、その前にある噴水の広場に引き寄せられたのだ。その美しい彫刻にしばらく見とれてしまった。噴水から湧き出る水がベールのような美しさでなんだか気持ちが洗われるようだった。パリの美術館や教会は、予約していても入り口で並ばなきゃならないほどだが、素通りしてしまうような教会なのに、よく見ると威風堂々としてカッコイイ。日曜日の静かな通りに、ときおり姿を見せる荘厳な建物たち。オデオン座、ソルボンヌ大学、国立中世美術館、サンテティエンヌ・デュ・モン教会、パンテオン――。探してもいないのに次々とおでましになり、いちいち圧巻。なんてところだパリは！

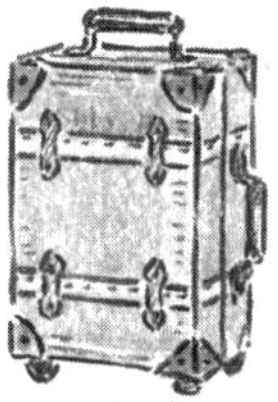

日曜日の「ナロ（narro）」でおひとりさまランチを楽しむ

観光客が行かないような場所に行って、ひとりでランチを楽しむなんてすてきじゃないですか？

カルチエ・ラタンに日本人シェフが腕をふるう、おいしいビストロ「ナロ（narro）」があると教えてもらって行ってきた。場所はカルディナル・ルモワーヌ通りのコントルスカルプ広場の近く。共同オーナーの日本人女性が接客していると聞いて、あわよくば日本語で会話できると助かるなと期待した。

さて、お店はこぢんまりとした空間にエスニックな色彩の椅子が整然と並んでいる。カラフルな風景がひとりの心細さをはねのけてくれた。「ボンジュール」と元気よく挨拶して、予約していることを告げた。開店の12時と同時にどんどんお客さまが入ってきて、あっという間に満席、地下の席まで埋まる勢い。みんなの楽しそうな話し声や笑い声がはずんで、店内に響き渡って地下の席まで届きそう。そんな中で、ぼっちは私だけ。そういうときは、ガラス窓の外を眺め行き交う人や流れる雲の風景を楽しむ。

メニューを眺めて迷っていると、ガタイのいい陽気なラテン系男性のスタッフが身振り手振り、最後はジェスチャーゲームのように全身を使ってコミュニケーションをはかってくれた。それにしても、ワインを説明してくれるときに、刀で切るポーズをしながらしきりに「かたな」と言うのだけれど、いっこうにわからなかった。ときどき、あれは何だったんだろうか？と思い返すときがある。

パリでいくつかのお店で食べたけれど、このお店が群を抜いておいしかった。「絶品」という言葉がぴったり。特に、前菜でいただいたホタテのソテーの味は忘れられない。器の底にゆるいマッシュポテトが敷かれていて、ホタテに絡めて食べたら最高！ 普段マッシュポテトを好んでは食べないけれど、日本に戻ってから自分でも作ってハンバーグに添えてみた。そりゃ、シェフにはまったくかなわないけれど、パリで買ってきたバターが味を引き立ててくれ、いい食材を使うよさをあらためて知ったのだ。

まさかクリーミーなソースの中から金柑が出てくるなんて！　想像以上でシビれた！

左上のホタテのソテーはまたリピートしたい！　パリに行ったらnarroは外せない私の№１ビストロに

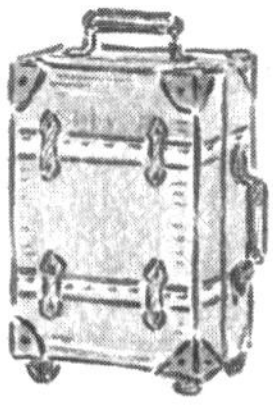

友人と合流し、「モン・サン・ミッシェル」へ。とにかく最高の場所だった！

パリ7日目。ひとりがちょっぴり退屈になってきたころに、愛知県から友人がやってきた！ 人生初の海外旅行が3泊5日のパリ旅行！ なんと到着翌日には、私とともに早朝からモン・サン・ミッシェルへ。

人には一生に一度は見ておきたい場所というのがあると思う。まさに友人と私はピッタリと意見が合ったのだ。結論から先に言っちゃうと、なにもかもが最高だった！ 大型観光バスでぶっ飛ばしてもパリから5時間。幸運にも前日までのどんよりとした雨曇りが嘘のような青空が広がっている。

ご存じの方も多いだろうが、モン・サン・ミッシェルはフランス西海岸のサン・マロ湾に浮かぶ小さな島で、全体が修道院として利用されていた。〝西洋の驚異〟と称されるのは、あまりにも幻想的な姿と、数奇な歴史をたどっているからであろう。壮麗な佇まいの島を青い空が引き立て、潮が引いた砂浜に今にもつきそうなくらい低い雲が連なって動いていく。見渡す限り、砂浜に続く地平線である。潮が引いた地面から香りが立っているのか、島に続く長い橋の上に立ってみると、これまでに嗅いだことがないようなスパイシーな香りがやんわりと鼻を刺激する。大自然のアロマとでも言うべきか、すごく気持ちがいい。

友人は「私、晴れ女だから」と自慢げに朝から同じことを何度も言っているが、悔しいけれど彼女のパワーはすごかった。いつ雨が降るかもわからないから折りたたみ傘を持って行くようすすめたものの、彼女と一緒のときには1滴の雨も降らなかったのである。自称「晴れ女」の私は、彼女の前では降参した。モン・サン・ミッシェルのベストシーズンは夏！　海の上にあることから夏でもそんなに気温が上がらず一年を通して寒いと感じるのだそうだ。11月に入りグッと冷え込んでいたパリだが、この日は寒さ知らずの過ごしやすい気温だった。日本に帰ってからYouTubeを見て知ったのだけれど、夏のハイシーズンは島内に観光客が溢れ返っており、画面には人しか映っていないと言っていいほどだった。

　メインスポットは頂上にある修道院。島の城壁に沿って石の階段や石畳の道が続いていく。修道院の中は複雑な構造になっており、探検家になったような気分で見て回った。私たちは絵になる風景を見つけるとモデルさんのようにポージングをして写真を撮ったり、動画を撮って楽しんだ。気ままにそんなことができたのも本当に人が少なかったからだ。3階には中庭があり、周囲を回廊が囲んでいる。永遠に続くかのような錯覚をしてしまう空間を私たちだけで堪能した。祭壇を安置する身廊《しんろう》はとても天井が高く静寂だった。修道院の西のテラスからの眺めは絶景で、何もないからこその贅沢を肌で感じた。生きていれば、嫌なこともことも大変なこともあるけれど、延々と続く草原と潮が引いた砂浜を眺めていると、どうでもいいように思えてきた。

　そうそう、モン・サン・ミッシェルの名物料理は、ふわぁふわぁのオムレツ。同じツアーに参加した人たちの中で、私たちだけがオムレツつきのランチツアーに参加しなかった。そのかわり、島内にあるホテル「ラ・ヴィエイユ・オーベルジュ（La Vieille Auberge）」のテラスで、牧草を食べてスクスクと育った頭だけ黒い仔羊（牧草を食べている姿を車窓から何度も見た）のグリルと生ガキ、ボールに山盛りの蒸しムール貝を堪能した。主婦歴30年以上、食いしん坊歴60年の鼻は、おいしいものにも敏感だが、その逆も然りなのだ。日本に帰ってからVlogで名物料理であるオムレツの食レポのガッカリ感を見て、やはり私の鼻は確かだったと思った（好みは人によって違うのであくまで想像だけれど）。

散策が楽しいモンマルトル。フォトジェニックな街を堪能

パリにはいろんな顔があっておもしろい。以前はブドウ畑が広がるだけの郊外の街だったモンマルトルは、パリで一番高い丘。フォトジェニックな場所も多く、絶対に行ってみたい場所だった。丘のてっぺんにあるサクレ・クール寺院からパリの絶景を眺めてみたい！

時を巻き戻して、パリ3日目の朝。前日にフランスを通過した爆弾低気圧の影響から風がとっても強かった。メトロに乗って近くまで行き、サクレ・クール寺院の西側ソル通りから散策スタート。

まずは、ピカソやヘミングウェイなど多くの芸術家たちが集まったというシャンソン酒場「オ・ラパン・アジル（Au Lapin Agile）」で足を止めた。小さなドアが印象的でオレンジの壁に濃い緑の窓枠がかわいい。ジブリアニメに出てきそうな小さなお店だった。脇には船のオールのような形をした案内板が立っていた。フランス語で歴史が記されている。といっても読めないのだけれど。

その斜め向かいにブドウ畑がある。フランスは世界に冠たるワイン王国。できれば、ブルゴーニュ地方やボルドー地方まで足を延ばしてワイナリーを訪ねてみたかった。でも11月じゃ収穫時期はとうに過ぎている。だから、せめてブドウ畑だけでも拝んでおきたかったのだ。都会でブドウ畑を見られるなんてとワクワクしたけれど、中には入れず柵の外から眺めるだけの味けないものに。10月中旬には、毎年モンマルトルでもブドウ収穫祭がある。地元市民だけでなく旅行者までもが集まり、たいそうにぎわうイベントだそう。この静かな丘が飲んで食べての大騒ぎになる様子をぜひ見てみたかった、と惜しい思いをする食いしん坊の酒好きである。

石畳の坂道を少し登っていくと、途中にかわいいピンクの壁のレストラン「ラ・メゾン・ローズ（La Maison Rose）」がある。建てられたのは19世紀だそう。パリの建物は基本ベージュで統一されているせいか、ピンクの壁に意味を感じてしまう。といっても深掘りしない私であるが、その前であれこれ写真を撮ってみたくなる魅力があった。

モンマルトルには路地が多い。誰かと一緒なら先を急いでしまうけれど、ひとりなら気になる路地に入っていける。アブルヴォワール通りやサン・ルスティク通りなどゆっくり歩いていると小さな発見がいくつもある。ダリダ広場から奥に見えるサクレ・クール寺院の風景にうっとり。美しいアパルトマンが並ぶモン・スニ通りの階段からの風景はまさにフォトジェニックだ。ついスマホを向けたくなるけれど、記録するよりも目に風景を焼きつけておくことにした。

ガイドブックでよく紹介されているテルトル広場。まだ午前中の早い時間だったからか、それとも強風だったからかわからないけれど、観光客もまばらで似顔絵描きの姿はなく閑散としていた。「こんにちは！　マダム、似顔絵を描くよ」と声をかけられ、自分の顔をどうかいてくれるのかちょっぴり興味があったのに……。でも、観光客が溢れ返っていたら、古きよき時代の面影を感じることはできなそう。

行ってみてわかったけれど、ひとり歩きならやっぱり朝一番がオススメ。聞いていたミサンガ売りや、怪しげな人たちはいなかったからだ。じっくり散策を楽しんだあとにサクレ・クール寺院へ。「聖なる心（心臓）」の意味をもつ白亜の大聖堂だ。中は広々として天井も高く、ステンドグラスやモザイク画で装飾されている。楽しみにしていたのだが、天気はイマイチだったうえに、簡素な聖堂内は薄暗かった。それでもお日さまの光がステンドグラスを通して壁に描き出す模様が幻想的だった。習い事でステンドグラス制作（素人なりにランプを1台）をした一年だったので、これまでになく興味深く観ることができた。パリに着いてからはじめて訪れた教会だったからかもしれないが、すごく印象に残っている。

寺院の正面には2体の騎馬像がある。その一つが剣を掲げた英雄ジャンヌ・ダルクの像。その隣に立ち、パリの素晴らしい眺めをしばらく堪能した。フランスの首都パリで一番高い丘で、百年戦争でフランスの危機を救った少女がパリの街を見下ろしている。「料理は女性がするもの」「家庭を守るのは主婦の務め」というような文化が薄れ、ジェンダー平等が進めば、海外をひとり旅する女性はもっと増えるだろう、などと感慨に耽《ふけ》った。

眺め尽くしたあとはおりていくだけだけど、脚力に自信のある人はケーブルカーの横の石段を利用してもいい。私は時間を惜しんだのでケーブルカーで下っていった。すると、石段の下の広場にメリーゴーランドがあった。エッフェル塔の近くにもぽつんとあった。どうしてこんなところに遊具が……。パリの不思議の一つだ。そこから少し歩くことにはなるけれど「ジュテームの壁」で世界中の「愛」の言葉に浸ってみるのもいい。私は遠慮したけれど。

【サクレ・クール寺院西側からの散策コースまとめ】
シャンソン酒場「オ・ラパン・アジル」→モンマルトルのブドウ畑→坂道の途中にかわいいピンクの家「ラ・メゾン・ローズ」→アブルヴォワール通り→ダリダ広場か

ら奥に見えるサクレ・クール寺院の風景がすてき→木造の風車が目印の「ル・ムーラン・ド・ラ・ギャレット（Le Moulin de la galette）」でコーヒータイム→美しいアパルトマンが並ぶモン・スニ通りの階段からの風景がすてき→テルトル広場で似顔絵やお土産屋さんを見る→圧巻のサクレ・クール寺院とパリの絶景→ケーブルカーか石段でおりる→少し歩いて「ジュテームの壁」で世界中の「愛」の言葉に浸ってみる。

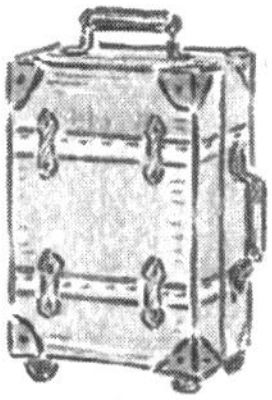

アリーグルのマルシェと蚤の市からの、ボン・マルシェ百貨店VS食い倒れ大阪人

さて、パリ8日目。友人と過ごす2日目である。はじめてパリを訪れるのなら、エッフェル塔やルーヴル美術館などの定番スポットを見ておきたいところだけれど、「地元の人しか知らないパリの魅力をぎゅぎゅっと詰め込んだ一日にしましょう」と友人は言う。彼女がSNSで仲よくなったパリ在住の関西人マダムにガイドをお願いしてくれたのだ。というわけで、オシャレパリマダムの日常をたどるべく、街を歩くことにした。

9時〜　ホテルから歩いてシテ島へ

ぜひ、シャンジュ橋で写真を撮ってほしい。映えることこの上なし。

9時30分〜　ステンドグラスの圧巻の美しさにうっとり、サント・シャペル教会へ

11時〜　友人と合流してパリ12区へメトロで向かう
11時30分〜　アリーグル広場の蚤の市とマルシェ

パリの蚤の市は週末の午前中に行われることが多い中、アリーグル広場の蚤の市は平日の午前中に行われると現地のマダムから聞いた。場所はバスティーユ広場から歩いて10分ほど。聞くところによると、下町にあり、物価がほかよりも安いんだそう。骨董品の蚤の市というと聞こえはいいけれど、いわゆるガラクタ市である。だからこそ、掘り出す楽しみが溢れている。耳元でこっそり教えてもらった「ほら、あそこに」という視線の先にはフランスで有名なご年配の俳優さんの姿もあった。

店の段ボール箱には埃《ほこり》まみれのガラクタがてんこ盛り。そこにお宝が眠るとガイドブックで読んだけれど、さすがに探す気にもなれず。私のお目当ては、ブランドのアンティーク食器。これは！と思ったらひっくり返して刻印を見る。途中で壊れかけたサッカーゲームでガチャガチャと遊んでみたり、本のページをパラパラめくってみたりしてぶらぶらしているうちに見つけた陶器のお人形。台の底にはサインもある。どうやら、ドイツ製ということらしいが、細部まで凝った造りに一目惚れしたので、それでよし。値段を聞くと20€というので「日本円でいくらだろう」と暗算していたら、一瞬で15€まで下がった。「え?」と驚いていると、どうやら常連客である友人マダムの顔利きで一瞬にしておまけしてくれたのだ。そのほかにリキュールグラス3個5€。リキュール瓶2€を買った。ところで、そのリキュールグラスだが、日本のアンティークショップで同じものが1個2970円で売り出されていて驚いた。実に11倍の価格だ。それを見て、私の目利きもまんざらではないと思った。

マルシェではびっしりと黒コショウがまぶされたサラミをゲット。アパルトマンに宿泊していたら、チーズやハム、新鮮な野菜を買って、部屋で食事を楽しむのも暮らしているようでいい。この日、ランチのあとにボン・マルシェのデパートに行ってみて、アンティークの食器の高いことに驚いた。銀のスプーンがなんと1本160€だった。やっぱりパリ旅行に蚤の市は外せない。

14時〜　パリマダムオススメのビストロ

買い物が済んだら6区に移動してリュクサンブール公園近くの小さなビストロ「ル・プティ・ヴァテル（LE PETIT VATEL）」でフランスの家庭料理をいただいた。人生初の生のニシン料理に感動して、ウインナーと豚肉と豆の煮込みで体が温まった。料理は安くてボリュームがあり、気さくなオーナーが親切で申し分なかった。でも、一番よかったのは、この日案内してくださったマダムの人生に触れられたこと。「夢は見るもんじゃなくて叶えるもの。自分の環境や状況を嘆かずになんとかする」。それが生きるということなんだ。「若いころの私って甘ちゃんだったんだなぁ」とマダムの話を聞いていて気づかされた。小柄なオシャレマダムの内面はすごくカッコよかった。

16時〜　パリっ子御用達の食品買い物ツアー

さぁ、おなかも膨らんだらやるべきことは、お土産の買い物。ＢＩＯのスーパーでハーブティーと瓶詰め蜂蜜をゲット。そのあとボン・マルシェ百貨店の食料品売り場を食い入るように見て回り、よだれがこぼれ落ちそうになった。大阪の食い倒れ百貨店といえば、なんといっても阪急阪神百貨店《はんきゅうはんしん》。梅田《うめだ》に行くと、買う予定がなくても吸い込まれるように入ってしまう地下食料品売り場である。まずはお気に入りの店をチェックして、そのあとは、おいしいもの探しのアンテナの向くまま店内を歩き回るのが楽しい。もちろんチーズやハムの専門店だってちゃんとあるけれど、パリのそれとは比較にならないほど品揃えは少ない。一方、ここは日本の百貨店と比べて通路が広くて陳列が美しい。高級感が漂っていた。日本では高くてまったく手が出せないチーズやバターをお土産にいくつか買った。お店の人にお願いすれば、代金を支払ったあとに1枚1€で真空パックのサービスを受けられる。全部まとめて1つにパックしてもらったけれど、いくつかに分けてパックしてもらったほうがよかったかなとあとから少し後悔した。百貨店が大好きな人はここで一日過ごすのも楽しいと思う。

こうして私たちの買い物ツアーはパリマダムのおかげでとっても有意義なものとなったのだった。メルシーボク♪

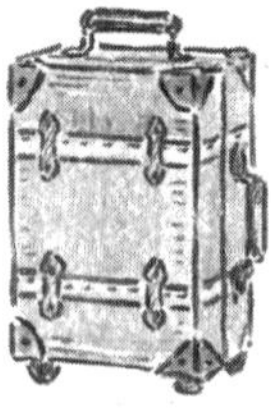

とうとうパリにひとりで来ちゃった！　②

何度でも行きたい！　オルセー美術館。朝いちは結構すいていた

今回、絶対に行きたいと思っていたオルセー美術館。絵画を鑑賞した経験はほとんどなく、芸術にとんと縁のない私。ただ、建築物には興味があり、7区の閑静な住宅街のアール・ヌーヴォーの建築物にはワクワクした。建築を学問として語ることはできないが、どうやって造ったんだろう、どんな風に暮らしていたんだろうと、想像が止まらなくなる。そういう意味でも、もともと駅舎だったというオルセー美術館の建物に興味があった。

パリ9日目。オペラ座近くのホテルからオルセー美術館までは歩いて30分もかからない。途中、通りに立てられた蚤の市で、またまた銀食器に引き寄せられるが、「いかんいかん。予約の時間に遅れちゃう」と見る手を止めて歩きだす。パリの街は誘惑が多くて、真っすぐ目的地に向かえることはない。

1900年のパリ万博が開催されたときに万博のシンボルとして誕生したのがオルセー駅。この中に電車が通っていた時代があったなんて……。考えるだけでワクワクしちゃう。美しいアーチ形のガラス張りの天井から自然光が差し込んで、優しい雰囲気。かつて駅だったなごりはといえば、美術館の入り口にかけられた気品ある金色の大時計ではないだろうか。スマホの画面を時計がわりにしている私。同じ時を刻んでいるのだけれど、どこか寒々しい現代である。

さて、オルセー美術館にはフォトジェニックなスポットがたくさんあるという。その一つが5階にある「カフェ・カンパーナ（Café Campana）」。大時計の裏というロケーションがインスタ映えするというのだ。私も行ってはみたけれど、自分のアングルのセンスが悪いのか、まったくといっていいほど映える写真は撮れなかった。

オルセー美術館はルーヴル美術館と並んで人気があるから長蛇の列を覚悟して向かったけれど、朝一番はすいていた。どのブースものんびりと見学できた。ゴッホやルノワールの絵の正面に立ち、じっくり眺められる時間は貴重だった。これらの絵を見るのははじめてだけど、これまで何億という人が向き合ってきたかと思うと、その事実にゾクッとした。

私が一番ひかれたのは、エドガー・ドガの彫刻『14歳の小さな踊り子』だ。まるで生きているようで今にも動きだしそう。ガラスのケースに入っていなければ話しかけてしまいそうなほどだ。「この子はいったいこの瞬間何を考えていたのだろうか？」。ずっと、眺めていたいと思う作品だった。そういえば、わが家にも、友人の画家が描いてくれた真っ赤なチュチュを着たふくよかな『踊り子』という作品がある。私は、これをとても気に入っており、ときどきじっと見入ってしまう。いつか、あっと驚くほどの価値になることをひそかに期待しながら。

（追伸）パリ9日目、オルセー美術館とルーヴル美術館の2大美術館鑑賞をした私は、ホテルに戻ると、もう何をする気力もなくなって、夕飯すら食べられなかった。

美術館は詰め込んで観るもんじゃない。

◆芸術オンチだから京都のルーヴル展でお試し

実は旅行の前に、家族から「パリに何しに行くの？」と旅の目的を聞かれ困ってしまったことがあった。私には「行ってみたい」というだけで十分な動機なんだけれども……。理由や目的なんてどうだっていい、日常を離れて自分の知らない世界に触れてみる、経験してみることが大事なのだ。その結果は旅した人にしかわからないであろう。

と言ってはみたものの、ノープランで行けるほどパリのことを知っているわけではない。アートの宝庫というべきパリに行くのに、ほとんど美術館に行ったことがないことにも気づいた。「私にも芸術を楽しめるのだろうか……」。なんだか少し不安を覚えたので、予行演習できそうな展覧会がないか探してみた。なんというグッドタイミングであろうか、京都市京《きょう》セラ美術館で「ルーヴル美術館展」が開催されていると知った。16~19世紀半ばまでの「愛」をテーマにした展覧会はあと少しで終了するところだった。慌ててチケットを購入して行ってみて驚いた！　想像以上の大盛況ぶりと、若いカップルが熱心に鑑賞する姿を見て、デートスポットだと知る。「へぇ、若いのに偉いね~」なんて、美術鑑賞しているというだけで高尚な人に見えてしまう、自分の文化力の低さ。芸術を楽しむ人たちを目《ま》のあたりにして、こんな世界があることを「知らない」ってことを「知る」ことにもなった。それにしても、あまりの人の多さでじっくりと観て回るのは難しかった。人気の作品には次から次へと人がやってくるのでつい気を使ってしまい、時間をかけるなんて私には無理だった。パリのルーヴル美術館やオルセー美術館では、これ以上の群衆が『モナリザ』やゴッホの作品などに集まるのだろうとそのときは思った。それじゃ、まるで人の頭を眺めに行っているのと同じではなかろうか。こういうときに朝が早い日本人の勤勉さがつくづく役に立つと思う。「パリでも日本でも美術館は朝一番に行くに限る」とはっきりした。

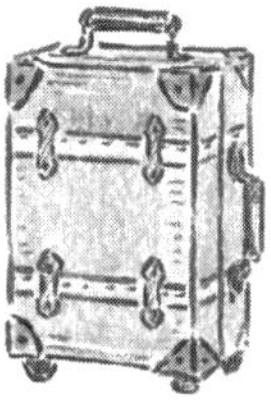

雑貨屋さん巡りは楽しい。日本でも人気のアスティエをGET

パリにはオシャレな雑貨屋さんがあちこちに存在する。雑貨が好きな女性には心躍る「かわいいもの」がたくさんあった。私が歩きながら見つけたお店をご紹介。

・「メゾン・ベギン（Maison Béguin）」（11区）
こぢんまりとしてブロカントの食器やヴィンテージの家具などもあり楽しい。

・「メゾン・デュ・モンド（MAISONS du MONDE）」（12区）
フレンチスタイルのインテリア雑貨、キッチン用品から家具類まで多様な品揃え。

・「ソストレーネ・グレーネ（SØSTRENE GRENES）」（マレ地区）
デンマーク発の北欧テイストのかわいいものがいっぱい。

・「マラン・モンタギュ（Marin Montagut）」（6区）

どうしても行きたかった雑貨店。行ったら定休日だった。

パリでよく聞く「ブロカント」とは、中古品、またはそれを売るお店のこと。フランスは古いものを長く受け継ぐ文化のようだ。日本でも骨董品とかアンティークなどといって、懐石料理店などで年代物の器で出してもらえたりする。ブロカントにはそういう高価なものではなく、ガラクタも含まれる。そうした誰かのお古を探す雑貨の旅は楽しい。

わが家でも、お客さまがいらしたときに使う大きなティーポットは北欧のブロカントだ。古いものは、時を重ねたよさと温かみを感じられて気に入っている。数年前にＬＤＫをリフォームしたときにはテーブルやチェストは北欧のヴィンテージで揃えた。チェストの中には少しずつ集めたお気に入りの食器をしまってある。今回蚤の市で購入したリキュールグラスが仲間に入った。

そしてもう一つご紹介したいのが、日本でもファンが多いというパリ６区のサンジエルマン・デ・プレ地区の「アスティエ・ド・ヴィラット（Astier de Villatte）」。セラミック食器などを制作するお店だ。兵庫県の芦屋《あしや》にあるフレンチインテリアのお店ではじめて出会い、すごくひかれたのだけれど、いかんせんお値段が高かった。すべてハンドメイドで作られているので高価なのもよくわかる。ぱっと見ただけではわからないが、薄くて軽く、丈夫だからそれなりにお高いのも納得だ。芦屋のお店ではそれがアスティエのものだとは知らずにいた。「あのときのあれは、このお店のものだったのかぁ」とわかった瞬間に胸がはずんだ。

店内は白い食器が美しくディスプレイされていた。せっかく巡り会えたのだから記念に1つ買うつもりでいた。お店の人と相談して決めたのが、飾ってもすてきなすずらんのモチーフのオーバル皿。一枚一枚が微妙に違うのはハンドメイドだからであろう。その温もりはブロカントにある使い込まれた温もりに似ている。じっくりと眺め「これだ！」と思う一枚に決めた。フランスでは5月1日のメーデーをすずらんの日と呼び、家族や大切な人にすずらんを贈るらしい。すずらんの花言葉は「幸福」。幸せの一枚をゲットできたので気分は上々。日本に帰ってさっそく、トマトサラダを盛りつけてみた。白いお皿に赤いトマトがことさら映えるように思ったのは気のせいかしら。

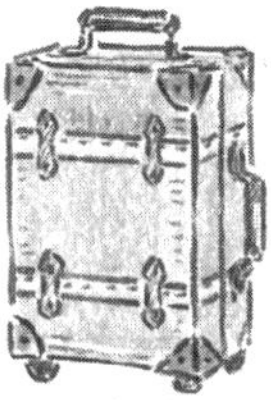

「甘いもの」が苦手な友人のお土産に結構頭を悩ませた

パリにはいたる所にカフェがありフランス人はとてもコーヒーが好きなのがよくわかる。私もコーヒー党で毎日3杯くらいは軽く飲んでいるが、ただ体のことを考えてデ・カフェを飲むようにしている。パリでコーヒーといえばエスプレッソで、小さなカップで濃そうなものを飲んでいた。デ・カフェ党の私は「アメリカーノ」をできるだけ日本語離れした発音で伝えると（合っているかどうかは不明）、普段、私たちが飲んでいる普通のコーヒーが出てきた。

そんなコーヒー党のフランスだけれど、日本でおなじみの紅茶ブランド「マリアージュ・フレール」はパリ創業の紅茶店だ。優雅なサロン・ド・テも人気が高い（行けてないけれど）。紅茶というとイギリスを思い出す人も多いだろうが、香りをブレンドしたフランス紅茶も捨てたもんじゃない。わが家でうんと贅沢な気分に浸りたいときに飲んでいるのが、看板紅茶の「マルコ・ポーロ」だ。ギャラリー・ラファイエットの食品館にある売り場でも、やはりこれを一番すすめてくれた。本当は缶に入った茶葉を買いたいところだけれど、かさばるうえに手軽に飲めるとはいいにくい。なので、コットン素材で茶葉を包んだティーバッグを愛用している。

2区のプティ・ペール通り沿いにある紅茶店「ダマン・フレール（DAMMANN FRÈRES）」は1692年に創業。といってもピンとこないので、一応調べてみたら江戸幕府の元禄時代、5代将軍綱吉のころと、そうとう古い。老舗中の老舗である。3日目に「ル・グラン・コルベール」でランチを楽しんだあとに、たまたま通りかかって入ってみた。重厚な店構えから高級感が漂っていて、ちょっと敷居が高そうに感じたのをエイッと中に入ってみたのだ。お店の中央にはテイスティングの紅茶がフリーで置いてあり親切だ。紙コップに注いで飲んでみたら、さっぱりしておいしかった。壁一面には茶葉が入った缶がずらりと並んでいて、驚くばかりだ。中には中国茶や緑茶ベースもあるというのだから、その種類の豊富さに圧倒された。一つ一つ香りを嗅ぐことができるので、じっくり自分好みの茶葉を探すこともできる。記念に一番ポピュラーな茶葉を選んで1袋買って帰った。帰国してすぐ、幼なじみと私の4人で食事会をすることになっていたのだが、パリに来る前に一緒にごはんを食べたとき、お土産にチョコレートを買ってくると言うと、うち一人が「甘いのはアカンで、苦いので」とリクエストがあった。「ええっ、難しいわぁ」と頭を悩ませた。パリはチョコレートショップはとにかく多いけれど、彼女の口に合うものがあるかどうか……。「そうだ、この紅茶を彼女へのお土産にしよう」とひらめいた。そして後日お土産をさげて食事会へ。ほかの2人にはチョコレートを。そして彼女には紅茶を。チョコレートを受けとった友人が箱を開けると「いやぁ〜コレ、おいしそうやんかぁ」と一番声をあげているのは、紅茶を贈った友人である。そして、チョコレートの箱の中をまじまじと見つめ「私、いらんこと言《ゆ》うたわぁ」と嘆くではないか。その箱の中にはミルクチョコもたっぷり入っていたので、きっと苦手だと思ったのに。「なぁ、1粒味見させて」という言葉を聞いて、「悪いことしたなぁ」と謝った。「そやけど、ゴディバはほんまに甘いねん」と友人が言うと、すかさず別の友人が、「ゴディバは日本のものやん」と返しを入れる。私は、「それはベルギーや！」と、声には出さず突っ込んだ。あの紅茶は気に入ってくれたのだろうか……。

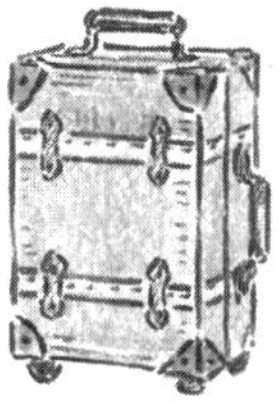

チーズをきっかけに日本人としてのアイデンティティに思いを巡らす

パリではチーズとワインをた～くさん楽しみたいと思っていた。わが家では、チーズそのものを食べるよりも、スライスしたものを料理に使うことが多い。つまりチーズは料理の材料なのだ。味わって食べるという経験が少なかったから、楽しみにしていた。

パリに着いたその夜は、ホテルのラウンジでブッフェサービスを利用した。煮込みチキンやパスタ、ピンチョスなど、フランス人にとってはアペリティフ的な軽いおつまみのようなものだろう。体の小さな日本人にとっては、夕食がわりになるメニューだった。ほかに、カマンベールチーズ、スモークチーズ、姿から想像するにノルマンディー地方のポン・レヴェックの3種類のチーズがあった。その隣には赤と白のワイン。私はこのチーズをおかずのような食べ方をした。ハムで巻いたり、サラダにトッピングしたりという具合に。余裕で4、5切れは食べたように思う。

次の日の朝食には、夜に出されていたチーズのほかにコンテという水分が抜けたハードタイプのものや、外は白カビに包まれ中は青カビがところどころに生えているブレス地方のブルー・ド・ブレスもあった。ちょっと刺激的なクセがあるおいしさが気に入った。

スクランブルエッグや、カリカリベーコン、ボイルウインナーなどを食べる合間にチーズをつまむという食べ方をしていた。5種類ほどあるチーズを1切れずつ食べてみておいしかったので、さらに追加して食べた。もう、おなかはパンパンである。食べ方は本人の自由だと思うので、どう食べたっていいのだけれど、気になることがあった。ブッフェでチーズのお皿が置かれていたのは果物やケーキの隣であって、ハムやサラミの隣ではなかったのだ。私はオリーブとその横のハムをとって、くるりっと裏手に回ってチーズをとりに行かねばならず、どうして仲よし同士を離して置くのだろうと不思議でならなかった。どうにも気になって「フランス人　チーズ　いつ食べる?」とググってみたら、フランス料理では、メインとデザートの間にフロマージュと呼ばれるチーズが出されるのが正式なんだとか。日本でフロマージュはお菓子の名前のイメージだけど、チーズのことなんだ！　ちょうどクリスマスの時期のパリでノエルを盛大に祝うホームパーティのＶｌｏｇを観たら、ディナーのお皿を片づけたあとに「チーズはどう?」と聞いて、「食べる、食べる！」と喜んでお皿を回していく様子が映し出されていて、そういうことかと納得した。チーズのあとにクリスマスケーキの登場。ふむふむ、あの配置は理にかなっていたのか。いったいフランス人にとってチーズはどんな存在なんだろうかと考えてみた。私が思うには日本でいう〆のごはんだろうか。だとすれば、〆のごはんを食べすぎたな。

◆パリにもフリーズドライのみそ汁を持ち込んだ

チーズの一件をきっかけに、自分の朝食の変遷に思いを巡らせてみた。子育て中は簡単だからといって朝食はパンであった。いっときパン作りにハマって、いろいろな菓子パンや調理パンを作っては食卓に並べたものだ。子どもが巣立ったり、大きくなったりして、朝食はごはんとみそ汁、卵料理などの出番が増えていった。その後、家族への朝食作りは手放し、数年前には朝食を食べる習慣さえ手放した。すると、本当にパンを食べなくなったのだ。いつの間にか、やっぱり和食でないと落ち着かない体になった。

料理研究家の土井善晴《どいよしはる》さんが和食文化の伝統を踏まえた「一汁一菜」を提案なさって、いたく感銘を受けたことがある。どんなごちそうでも、毎日食べていたらしんどくなるのに、炊きたてごはんとみそ汁を「またかよ」と思ったことはない。私の場合は、ごはんよりもむしろみそ汁のほうがなくてはならない存在だ。あれがなくちゃ締まらないのだ。だから、パリを旅するときにもフリーズドライみそ汁を持っていった。パリの食事では、やっぱりかたいパンとチーズとハムをよく食べた（クロワッサンはおやつだ）。あれほど楽しみにしていたのに、数日ですっかり飽きてしまったのだ。そして、なんといっても胃袋が冷えているのが自分でもわかった。胃がもたれて食欲も落ちていった。夜になると電気ポットでお湯を沸かし、マグカップみそ汁を作ってゆっくり飲み干した。すると胃袋がポカポカしてとっても落ち着くのだ。

食事というのは、自分がどこに属しているのかアイデンティティを自覚するきっかけになる。やっぱり、自分は根っからの日本人なんだと思った。私は、ひとり分のみそ汁を作るとき、洗い物を減らすために鍋を使わない。お椀にかつお節とみそを各適量入れてお湯を注ぐだけで即席のみそ汁ができる。顆粒のだしを使ってもいいと思う。具材は、お湯を注ぐだけでも食べられる、ねぎや薄く切ったとうふ。ほうれんそうなどの葉野菜。サラダには少しかたくて向かないレタスの外側の葉っぱを手でちぎって入れることもある。さらに、とろろ昆布を入れるとグッとうまみが増すのだ。かつお節のイノシン酸と昆布のグルタミン酸をかけ合わせているのだから、相乗効果でおいしくないわけがない。

そうそう、パリでは日本食レストランが大人気のようだった。おにぎり屋さんでは外まで人が並んでいたし、こんなところにたこ焼き屋が！と驚くばかりだった。ふと店の窓ガラスに目が行くと、色の白いお嬢さんがどんぶりから長方形の油揚げを箸で持ち上げかぶりつこうとしているところだった。「うどんのきつねは三角形やで」と言いながら通りすぎた。

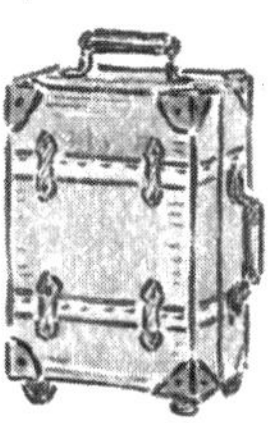

けたたましいサイレン音で部屋から飛び出したのはやっぱり国民性??

パリ最終日の朝。前日はオルセー美術館とルーヴル美術館の2つを巡り、朝からうんと歩いたたし、これまでの旅の疲れからかシャワーも浴びずに寝てしまった。目覚めてもベッドから抜け出せずにもぞもぞとしていると、けたたましいサイレンが部屋中に鳴り響く。それは、これまでの人生で聞いたことのないような大音量で、体にビンビン響く。

最初、自分が何かをしでかしたと思い、フロントに電話しようとしたけれど、音が大きすぎて耳がバカになっているし、言葉が通じないのではどうしようもない。受話器を置いて、メガネケースからメガネをとり出してかけて、スマホを持ってドアを開けてみたら誰も廊下に出ていない。やっぱり、自分の部屋だけだろうかと思い、一旦部屋に戻って3秒考え、これは逃げたほうがいい！と部屋着のまま再び廊下に出ていくと、それでもまだ誰も出てこない。しかたなくエレベーターホールに向かっていくと、ホテルスタッフが何度も同じ言葉を叫んでいる。といってもわかるはずもないし、ようやく出てきたほかの宿泊客もみな不安そう。階段で1階までおりていって気づいたらはだしにスリッパのまま。手にはスマホとメガネケース。その手が小刻みに震えていた。「あぁ、ビビッているやん、私」と自分の不安度合いに気づく。パリはときどきテロの予告があって、美術館が休館したり、電車が止まったりする騒ぎもあるそう。そのことが脳裏にあったせいで、少し不安になってしまった。

どうやら、警報機の誤動作だったようで、気持ちを落ち着けて辺りを見渡すと、バスローブ姿の人、スーツケースをさげている人や、ホテルの外に出ていく人などさまざま。まるで映画『マイ・インターン』のワンシーンのようだ。私は、部屋に戻りたくとも慌てていたので、カードキーを持っておらず、フロントマンに新しいカードを作ってもらうことにした。隣に立つ男性はスーツ姿で手には10枚ほどのクレジットカードを束にして、ギュッと握り締めている。この男性も、どうやらカードキーを忘れたようだ。「そうか、この人の大事なものはクレカだったのか」。つまりお金が何よりも大事なものなんだろうな。

私はこれまでの人生で、阪神・淡路大震災、東日本大震災、大阪府北部地震という3つの大きな地震を体験しており（幸い大きな被害は受けていないが）、何かあったら「逃げるが先」というのが身についてしまっている。いの一番に部屋から着の身着のまま飛び出しているのはそのせいだ。災害で壊滅的な被害になれば、お金があってもモノがない。つまりお金はなんの役にも立たない。地震大国ニッポン。何よりも大事なのはお金よりも自分自身。ただしスリッパ履きでは足をケガしてしまう。そういえば、大阪府北部地震のときには犬を抱いてはだしで玄関から飛び出している。大事なものは何よりも命。あとはどうってことはない。

にわかパリマダムの「オ〜シャンゼリゼ〜♪」。パリ最終日に思ったこととは？

ホテルの警報機が誤動作したせいで、アドレナリンが一気に噴出したのか体がシャキンとした。ベッドの中でもぞもぞとしていたときの私は、出発までホテルでのんびりと過ごそうかと思っていたけれど、シャワーを浴びて荷物をパッキングしていつでも出発できるように帰り支度を整えた。スーツケースはもうシャツ1枚入る隙間がないほどパンパンになった。あまりにもピッタリだったので、「お見事！」と自分を褒めちぎった（あとから別の問題が発生するのだけれど、このときの私はまだ気づいていない）。荷物をまとめ終えると急に寂しさがこみ上げてくる。「あぁ、もう終わっちゃうのか〜」「10日間なんてあっという間だったなぁ」。そうそう、退屈なことって時間がたつのが遅いけれど、楽しい時間はあっという間に過ぎてしまう。10日間もあれば飽きてしまうんじゃないかと思ったけれど、最初の3日間こそドキドキだったものの、だんだん慣れてきてにわかパリマダムが板についてきたところだった。過ぎゆく時間の無情を感じつつ、私はシャンゼリゼ通りを目指して歩きだした。普段なら犬を連れて散歩に出かけている時間だ。同じように犬を連れている人を見かけると恋しい気持ちにもなってくる。ずっと、パリでは食べすぎていた（特にチーズとハム）ので、胃袋がダウン寸前。昨日の夜からほとんど食事らしい食事をとっていないのにもかかわらず、おなかはすかないし、むしろ胃が軽くなったぶん、足取りも軽やかな気がする。

朝のコンコルド広場にはまだ誰もいなかった（ちょっと怖い）。そのぶん、見晴らしのいいシャンゼリゼ通りの風景をひとり占めできた。ぐるーっと360度一回転してみたが視界を遮る人がいないことの爽快さときたらこの上ない。パリで数日過ごしてわかったのだが、パリの建物は本当に美しいのだけれど、街並みを整えているのは

「道」にあると思う。私が日本で「道」が美しいと感じるのは京都の一部の路地だったりするけれど、それ以外のほとんどが往来をするための場所だと感じる。でもパリの道はそれだけではなく美しさも備えていた。その美観の立役者は街路樹にあると思う。パレ・ロワイヤル庭園に行ったとき、兵隊さんの行進のようにビッシーッと揃った並木の美しさに圧倒された。自然を使って計算された「美」を演出するパリのセンスに驚かされた。その最たるものがシャンゼリゼ通りのマロニエ並木だと思う。

私は、パリの街並みの見納めにシャンゼリゼ通りを闊歩することにした。澄んだ空気のせいか自然に鼻歌がもれる。

オ～シャンゼリゼ～（パンパパン）
オ～シャンゼリゼ～（パンパパン）
いつも何か　すてきなことが
あなたを待つよぉ　シャンゼリゼ～（チャンチャチャチャン）

人がいないことをいいことに楽器演奏の部分まで繰り返し口ずさみながら、全身でパリを感じ最後の散歩を楽しんだのだ。こうして私のパリの旅は、ドギマギしながらケーキを買いに行った大阪のおばちゃんから、散歩くらいなら自然に楽しめる〝にわかパリマダム〟（気持ちだけ）に成長して終わることになった。

コンコルド広場から撮影した朝のシャンゼリゼ通り。
マロニエ並木の向こうには凱旋門

第3章

頼れるのは自分とスマホだけ！大人ひとり旅は安心安全ストレスフリー

この章では、大人世代がひとり旅をするための準備・お金・心得・楽しみ方などをご紹介。私が実際に体験し、また現地で肌で感じた超実用情報をお届けする。

実はめちゃくちゃ慎重派で心配性。旅のトラブルを想定して、あらかじめ準備

シングルで生きていると、なんでもかんでも軽々とやってのけそうなイメージを持たれがちだけれど、実はめちゃくちゃ慎重派。絶対に危ない橋は渡らないよう気をつけている。ツアーなら困ったときには旅行会社を頼りにすればいいけれど、そうもいかない個人旅行。まず何よりも安心・安全を第一にして行動しようと決めた。なにかと心細いひとり旅だからこそ、あらかじめ起きそうなトラブルに対して準備をしておきたい。スマホが表の手段だとしたらアナログな手帳を裏の手段で活用したい！　手のひらにすっぽりおさまる大きさのメモ帳を用意して大事なことを書き留めておいた。次からがその一覧です。

① 家族の連絡先をしっかりと！

私が呑気者なのかもしれないが、子どもたちの連絡先を覚えちゃいない。メモしておけば、万が一私が事故にあったときも周りの人が困らないであろう。

② 忘れちゃいけないタスクを日付順に書いておく

Ｇｏｏｇｌｅカレンダーで行程表を作ったけれど、例えば●月○日どこそこへ、なになにをとりに行く、というようなタスクはメモ帳に。うっかりさんにはタスクメモは秘書がわりになる。

③ 大事なｗｅｂログイン情報

日本で現地ツアーに申し込んでおいた。そのｗｅｂページを確認する際にＩＤやパスワードが必要になったりする。悲しいかな、私はしょっちゅうその番号を忘れてしまう。美術館などのバウチャーはプリントアウトして持っていくが、念のため。

④ クレジットカードの番号や会社の電話番号

スマホもクレジットカードもなくしたらカード会社に連絡のしようがない。被害を最小限に抑えるにはカード情報、クレカ会社の電話番号などを控えておくべし。

⑤ どうしても欲しいものや、行きたい場所をリストアップ

Ｇｏｏｇｌｅマップには行きたい場所をピン留めしすぎて、もはや覚えきれていない（笑）。どうしても欲しいもの、行きたい場所をメモして毎日眺めるようにした。そのおかげでお土産用のチーズを真空パックにしてもらうことも忘れずにリクエストできた（ちゃんと真空パックでと書いておいた）。

⑥ ホテルや予約したレストランの住所

迷子になったらタクシーに乗る。Ｇｏｏｇｌｅマップを提示すればすんなりと目的

地まで乗せてくれる。でもスマホをなくしたり、電池が切れてしまったときのために、滞在しているホテルや予約したレストランの住所はメモ帳を活用。

⑦ そのときどきに感じたことをサクッと書き留める

旅の途中に見聞きしたおもしろいことや、新しい情報を忘れないうちにササッとメモしておく。そうすると、あとから「なんだっけかな~思い出せない」なんてことは防げる。

幸いにも盗難や紛失などということは起きなかったけれども、手のひらサイズのメモ帳はずっと旅のお供だった。頼れるお守りがわりだったな。

海外スマホのWi-Fi問題はこうやって解決！

海外旅行でのライフラインはスマホ。ひとり旅の最強の味方といっていいほど。空港に着いたらまずスマホを使えるように設定しなければならない。おおまかな方法は3つある。

・携帯電話会社の海外パケット定額サービス
・モバイルWi-Fiをレンタル
・海外SIMカード

空港やホテルではフリーWi-Fiを使えたりもするけれど、無料のWi-Fiスポットを探すのは面倒でかなりストレスだ。これまで、海外旅行のときにはモバイルWi-Fiをレンタルしてきた。小さいとはいえ、持ち歩く不便さもあるし、紛失した場合は弁償しなきゃならない。家族旅行ならそれ1台でまかなえるから、荷物係の子どもに持たせておけるのだが、自分ひとりじゃ邪魔になってしかたない。今回の旅は余計なストレスを抱えたくなかったこともあり、モバイルＷｉ－Ｆｉのレンタルはなし。また、私が利用している携帯電話会社の海外サービスは一日９８０円。10日間利用すると1万円近くにもなる。残る選択肢は海外ＳＩＭカード。これが一番スマートで経済的。カードをＣＤＧ空港の売店で購入するという方法もあるけれど、まったく語学ができない自分にはハードルが高い。そこで事前に日本で購入しておき、飛行機の中で交換した。Ａｍａｚｏｎで購入したら2日後には配達され、その速さに本当に驚く。何より日本語の説明書がついておりわかりやすい。渡航2日前までに手続きを済ませておき、飛行機の中でＳＩＭカードの交換をすれば、地上では5分もかからず設定完了である。説明書には若干聞きなれない専門用語があり、それを理解できなければ、ググって調べなければならない。これはアナログ世代が超えなきゃいけないハードル。だから、コストがかかっても携帯電話会社のサービスを利用しようと思ったのだが、頭を悩ませたり、手間を嫌がっているようでは、ますます老けていく。老いるとは新しいことに触れないということ。そこで、今回は少し不安ながらもＳＩＭカードを購入したのだ。実際は「案ずるより産むが易し」で、実際にやってみたらなんてことはなかった。ＳＩＭカードは１９８０円。同じ時期に渡仏した友人から聞いた話では空港では40€だったそうだから、日本での購入をオススメする。

Googleマップ様〜!! ってくらい頼りっぱなし。旅の面倒を10分の1にしてくれた!

パリに行こうと決めてから、書籍やYouTubeからパリのオススメ情報をたくさん仕入れた。けれど、悲しいかな、脳のメモリが足らずに次々と忘れてしまうのだった。そこで登場したのがGoogleマップ。「ワクワク」する場所を見つけたら、即座にGoogleマップアプリを開き

① 目的地を検索して、まずマップ上でピン留めする
② 次に画面下部の「保存」をタップ
③ 「リストに保存」の画面に表示された「行ってみたい」や「旅行プラン」を選択
④ 完了をタップ

どうしても行きたい場所には、覚え書きとしてメモを入力しておく。パリは東京の山手《やまのて》線の内側とほぼ同じ面積といわれ、パリ中心部の観光主要箇所は徒歩でも回れそうな位置関係にある。私が立てたピンも中心部に重なるように集中したのだ。

例えば、マップ検索で「マレ地区」と入力するとその地域が赤い点線で囲まれる。その内側に立てたピンをどう回れば効率的かを考えれば、簡単に観光ルートができてしまう。それを今度はＧｏｏｇｌｅカレンダーに転記すれば行程表が完成しちゃうのだ。なんて便利なんだろう。そして、気の向くままのひとり旅。あとから振り返りたいときにもＧｏｏｇｌｅマップが登場。タイムライン機能を使えば過去の自分の移動経路を振り返ることができる。タイムライン機能を使うには（ｉＰｈｏｎｅの場合）

①　Ｇｏｏｇｌｅマップアプリを開き、右上のユーザーアイコンをタップ
②　表示されたメニューの中から「設定」をタップ
③　「個人的なコンテンツ」→「ロケーション履歴」と進み設定をオン

そして、もう一つ・ｉＰｈｏｎｅの設定を変更するのをお忘れなく。

① ｉＰｈｏｎｅの設定アプリを開く

② アプリ一覧から「Ｇｏｏｇｌｅ Ｍａｐｓ」→「位置情報」の項目を「常に許可」にしておく

実際の自分の移動経路を振り返るときは、

① Ｇｏｏｇｌｅマップを開き右上のユーザーアイコンをタップ

② 表示されたメニューの中から「タイムライン」をタップする

これで移動経路が表示される。画面の日付をタップすれば、カレンダーから日付を選択できる。旅のあいだにＧｏｏｇｌｅマップを眺めて思い出に浸れたり、Ｇｏｏｇｌｅフォトと連携させておけば、訪問した場所で撮影、保存した写真をタイムライン上で見ることもできる。

私は、アイディアを思いついたりするのは自分でいうのも何だが得意なほうであるけれど、それを正確に形にするほうはあまり向いてない。Ｇｏｏｇｌｅマップが自分の不得意を、まるで秘書のようにサポートしてくれる。しかも、レストランの予約もマップからサクッと完了。フランス語が話せない自分でもストレスなくできちゃう。なんて強い味方であろう。Ｇｏｏｇｌｅマップ様、あなたのおかげで、ひとり旅の面倒なことを10分の1に縮小できました。

◆Googleマップのナビを使いこなせる人になれれば

女性はなぜか地図が読めない人が多いが、私もどちらかといえば得意ではない。それは、男性が外に働きに出かけ女性が家を守るという役割をうーんと長く続けてきた歴史のせいで男女に能力の違いができたんじゃないだろうか。ナビがなかった時代、夫（いまだに別居中）が運転する車で家族旅行に出かけると、「だいたいこっち」という彼の方向感覚は非常に優れていた。知らない土地で道路標識を頼りによく目的地に到着できるものだと感心したのを覚えている。

そして、機械音痴な女性も多い。パソコンの設定や車のメンテナンスなどは「難しくってわからない～」なんて普段より甘い声で男性に頼むと決めている女性だっている。地図が読めない×機械操作が弱いという人は、ぜひＧｏｏｇｌｅマップを使いこなせるようにしておいたほうがいい。お恥ずかしい話だけれど、東京の渋谷《しぶや》にいて、マップ上の自分がどの方向を向いているのかイマイチよくわからずに迷子になり、交番のお世話になったことがある。そんな私でもマスターできたのだから、練習さえすれば誰だってできるはず。

　使い方はこんな感じ。まずナビを使いたい場所でＧｏｏｇｌｅマップアプリを開くと、現在地の周辺地図が表示されるので、これから向かいたい目的地を設定。経路検索を実行して、移動方法に徒歩を選ぶと目的地までの道順が表示される。「開始」で道案内が始まる。問題は「最初の一歩をどっちに踏み出すか」だ。これは自分の向いている方向が経路に沿っているかどうか、数歩進んでみて確認する。マップ上にあるめぼしい建物を２つくらい見つけると現在地を把握しやすい。パリには大小さまざまな通りがあり、その数は６４００ほどだそう。街並みに統一感があるから余計に見分けがつきにくい。私は、通りの角の地形を確認しながらマップを読んで歩くようにしたら、道に迷うことなく目的地にたどり着けた。日本でGoogleマップを意識的に使うように練習していたので、自分でも驚くほど成長していることに気づいた。これこそ習うより慣れろであった。

30カ所くらいピン留めした中から
さらに選《え》りすぐったレストラン

「予定をこなす」が目的ではおもしろくない。たまには心の声に従うことも大事

Googleカレンダーに予定を入力しておくと、「今日の予定」が一目でわかる。記憶力が落ちぎみのミドルシニアにとって、記録は必須だ。だが、どんどんと組み込まれていく予定を見てふと気づいたことがある。10日間の予定はまるでタスク管理のようで「作業」に思えてきたのだ。効率を重視して予定を組み込む様子がゲームのテトリスを攻略しているかのよう。「いったい私はパリに何しに行くんだっけ?」。

日本では「神仏とのご縁の記録」をおさめるといって御朱印をいただくのがブームになっている。それと似たような「行ってきた!」ことが目的になっているんじゃないだろうか? それじゃ仕事のタスクをこなすのとなんら変わらない。もっと自分の心の声に従い、味わうような旅にしたいと思うようになり、一日に1つか2つやりたいことができたら、あとの予定は未定のフリーにした。若いころなら、予定をいくつもこなせたけれど、50歳を超えたころから、あれもこれもと多くの予定をこなすのがしんどくなってきていた。

天候によっても気持ちが左右されるので、その日の気分や体調によって「何をするか」を決めたっていいのだ。だってひとりなんだもん。そういえばオペラ座の近くをぶらぶらと歩いていたら、いつもはチケットを買いたい人で長蛇の列なのに、あまり人が並んでいないのに気づいた。こんなチャンスは滅多とない！と思いセキュリティチェックを通りチケット売り場へ。ところが、「ひぇ〜なんてこったぁ！」、自動券売機で買わないといけないとのこと。語学ができない人は自動券売機の前ではお手上げなのだ。とはいえこんなチャンスはないからとがんばり、途中まではわかったけれど、お金を払う段階でわからなくなってしまった。「さて、困った〜」。せっかちな私は、後ろに並ぶ人が待っていると思うと、焦って余計にわからなくなる。くるりと後ろを振り返ると若い女の子が順番を待っていたので、「ちょっと来て〜」と手招きして操作してもらったのだ。まるで電車の切符を買えなくて困っている老人と同じである。母はよく「ええか、人はせんぐりおいぐり（先繰り追繰り）や。若いと思って偉そうにしていたらアカンで。今にあんたも年をとる」と私に言っていたのを思い出す。年を重ねれば、重ねるほど、人に甘えることが増えていくことを実感した。

話は戻るが、ここぞとばかりに予定を詰め込んでしまうと「じっくり」という言葉が薄れていくし、何よりも体力を消耗する。せっかくひとりで来たんだから「自分らしさ」を忘れずにいたい。たくさん見て回ることだけが有意義な旅とは言えない。自分にとって有意義とは何かを旅のあいだも忘れずにいることが大事だと感じた。私にも、もっとじっくり時間をかけたかった場所や、行けなかったお店や、買い足りないものはいくつもある。時間もお金もかけたのに残念だという見方はできるけれど、「また行く楽しみができた」という風にゆるくとらえたっていいよね。私の中では「もう一度行く理由ができちゃった」となった。きっと、こうしてパリの魅力にハマっていき、沼に落ちるんだろうな。

「語学ができなくて大丈夫?」。はい、大丈夫でした。Google翻訳でなんとかなる

海外ひとり旅、困りごとはいろいろあるけれど、一番は言葉の壁ではなかろうか。私も、まったくといっていいほど語学ができない。なのに、若いころには海外留学生を受け入れるホストファミリーのお母さん役を数年間やったり、海外旅行に行ってひとりでショッピングをしたりレストランに入ったりした。

それらの経験から言えるのは、深い話はできないけれども、「話せなくてもなんとかなる」ということ。そして私には、「旅の恥はかき捨て」という考えがある。確かに、言葉がうまく伝わらずに、嫌な顔をされたり、苦笑いされたりすると、次こそうまく伝えようとして自分で言葉のハードルを上げてしまい、余計にしどろもどろになったりする。ホームシックになったりするのは、そんな失敗が重なったときかもしれない。けれど、それも一時的なことじゃないかしら。

互いに相手の言葉を話せない同士のコミュニケーションには、スマホアプリのＧｏｏｇｌｅ翻訳が便利。おおまかに３つのことができる。

・アプリ内に入力したテキストを翻訳
・テキストをカメラで写して翻訳（料理メニューや説明文など）
・音声入力した会話をリアルタイムで翻訳

私も、これまでにＧｏｏｇｌｅ翻訳を使って、単語の意味を調べたり、短い文章を書いたりもしていて、便利さを実感しているが、私のレベルでもわかるくらいニュアンスが違っていたりすることもある。そこで、今回の旅には別の翻訳機をレンタルして持って行った。

結論から言っちゃうと、ほとんど役に立たなかった。しいて言えば、役に立ったのはフランス語のメニューや、美術館で作品の説明文を翻訳したときくらいだった。

例えば、自分の言いたいことを事前に文字入力して相手に伝えるまではいい。その返事を相手に音声入力してもらうのだが、うまくいったためしがない。そして、会話と会話の間があきすぎて、焦ってしまうのだ。せっかちな自分にはまったく使いこなせなかった。

一度、ホテルのフロントに部屋のことで話しに行ったとき、フロントマンがスタッフに指示している音声をリアルタイムで翻訳してみたら、中国人と間違われていることがわかった。「ほんとに何を言われているかわかったもんじゃない」と思ったけれど、これもしかたのないこと。

このように言葉が通じず、思うようにいかないもどかしさを何度も経験したけれど、"Don't worry! くよくよするなと自分を励ましているうちに旅は終わった。ただ、誤解されないように言っておくが、私と接したほとんどのフランス人は親切で丁寧だった。

ジャンパースカートのメリットに気づいた。私のパリ旅のファッション

ファッションの都として知られるパリ。パリには人気ブランドのシャネルやエルメスなどの本店が目白押し。オシャレな街のイメージもあるパリを歩くには、私だって普段よりうーんとオシャレでいたい。とはいえパリは、スリなども多くて観光客は狙われやすい（何回も言うよ）。日本のようにハイブランド品を持ち、派手な服装をしていたら、かなり悪目立ちして、女ひとりならなおさら狙われるというのを事前にネット記事で読んでいた。日本にいれば普通だが、海外なら異常。まぁ、それは逆も然りで日本にやってくる海外旅行者を見れば納得できる。

さて、パリの旅行に何を着ていこうか？と悩んでいたころ、ウン十年ぶりにばったりママ友と遭遇。これも何かのご縁と思い、日を改めて食事をすることにした。お店の前に現れた長身の彼女は、ロングワンピースの裾をゆらゆらとなびかせて歩いている。「かわいいな〜」と思って、「すてきなワンピースね」と褒めてみたら、なんと自分で作ったという。コロナ禍で外出もままならず、シニアの暮らしになったので手間ひまかけて洋服を作りはじめたら自分には向いていて、すっかりハマってしまったんだって。

その話を聞いているうちに「自分だけのオリジナルの服を着て、パリを散歩できたらカッコイイ！」とひらめいちゃった。そのワクワクの気持ちのまま「私にも作ってほしい」とお願いしたら、二つ返事で引き受けてくれたのだ。それで、二人でデザインを選び、友人の目利きで細いコーデュロイ素材のブルーの布地を買った。出発の1週間前。世界でたった1つのマキシ丈のジャンパースカートができあがった。私は、さらに映えるように薄手のハイネックニットと人生最高の出会いともいうべきカンペールのショートブーツも購入した。まるで、子どものころの修学旅行かお正月の晴れ着のような「新品」で揃えたのだ。

旅なれた人からは「おのぼりさん」まる出しだと笑われるかもしれないが、旅へのテンションは爆上がりした。くすみグレーのジャンパーを羽織ればカラーコーデもバッチリ。街をわが物顔で闊歩する自分を想像できた。それだけじゃない、このマキシ丈のジャンパースカートには、思いもよらぬメリットがあったのだ。機内というのはパジャマや部屋着のような締めつけ感がないものが着たいし、いつもなら「寝巻」のようなスタイルで過ごすのだが、なんとワンピース状の服が最適だと気づいちゃった。往復の移動には動きやすいパンツスタイルをと思っていたのをジャンパースカートにしたら締めつけ感ゼロですこぶる快適だった。丈の短いものなら脚の行儀悪さが気になるところだが、マキシ丈なら目立たない。私の機内ルールが一つ変わった。

◆アイテムは少数精鋭で気分を上げる

パリは日本と同じく四季があり、私が行った11月は秋も深まってきたころ。格好いいジャケットを羽織りシンプルにまとめたモノトーンのパンツスタイルが似合いそう。普段から柄物や派手な色目のものを着ることはないから、洋服選びには苦労しなそうだと思った。でも「どれだけの量を持っていくか」を迷った。「もしも」のときを考えると、どんどん荷物が増えていく。パリ滞在は10日間。毎日、着せ替え人形のようにオシャレを楽しむより、着るだけで気分が必ず上がるという少数精鋭の中から着回しの利くアイテムを選んだ。幸いにも汗をかく季節じゃなかったので、服は洗濯しないと決める。トップス（ニットなど）4着、パンツ2本、ジャンパースカート1着、ジャケット3着。選んだ基準はこちら。

・しわにならない素材のシャツ
・伸縮性のあるジャージー素材のワイドパンツ
・きれいめスタイルなセンタースリットパンツ
・存在感のある厚手の綿ニット
・シンプルな薄手ハイネック

という具合。

本来ジャケットは1着あれば十分だが、用心深い私は、3wayで重ねて着られるダウンのジレとウールのジャケットの2着をスーツケースに入れた。2枚も重ねて着れば、さすがのスリも手出しはできまい。ただ、11月のパリで2枚重ねの上着は厚着すぎて出番なしだった。気温を読むのは本当に難しくて、これは失敗。どの季節でも旅には必ず持っていく必須アイテムは「スカーフ」。冷房の風よけになるほか、風呂敷がわりにもなるし、角を結べば即席の布バッグにもなる。特に、寒い時期には小さめのスカーフをクルクル首に巻けば、それだけでも温かい。ネックレスなどのアクセサリーがなくて胸元が寂しければ、スカーフを巻けば華やいでくれる。今回は大判のストールと小さなスカーフを持っていっておおいに役立った。

一つだけ、残念なことがあった。オペラ座でバレエ公演を鑑賞したかったのに場に適した服がなくて行けなかったことだ。オペラ座には特に厳しいドレスコードはなく、普段着でも問題ない。けれど、せっかく豪華なオペラ座でバレエを観るなら、雰囲気に合った服装をしたい、やっぱりオシャレなレストランに行くような服装を準備しておきたい。そんなわけでちょっと負担に思ってしまい諦めてしまったのだが……。ワンピースでなくても、パールのネックレスを1本持っていけば普段着だってキチンと感は出ただろうに、惜しいことをした。

最高で出会い！　カンペールのショートブーツ

パリうんと歩く日は、カンペールのショートブーツを履いて出かけた。旅には履きなれた靴がいいのはわかっていたけれど、出発の数日前に購入したものだ。実は、友人からパリの人はペットの排泄物を始末しないから、街のいたるところに糞《ふん》が転がっていると聞いた。なので、汚れても拭きとりやすい材質の靴を履いていったほうがいいと忠告してくれたのだ。Ｎｅｔｆｌｉｘが配信しているアメリカの人気ドラマ「エミリー、パリへ行く」の主人公エミリーが、アパルトマンの入り口で犬の糞を踏んでしまうシーンがある。しかもハイヒールで。「これは、本当にそうかも」とタフなショートブーツを百貨店まで探しに出かけたのだった。

私の第一条件は軽くて履きやすいこと。ほかのお客さんは手にとってデザインなど眺めてあれこれ品定めをしているのに、私は片っ端から靴を持ち上げては「あかん重たい」「うーんまぁまぁやな」と計量ばかり。いろいろ試し履きしてはみたものの、これというものがなくってもう諦めて帰ろうとしたときのこと、何げなく1足の靴が目に留まり、ひょいと持ち上げてみた。がっしりとして重そうな見た目なのに、拍子抜けするほど軽かったのだ。それがカンペールのショートブーツだった。

こんなに軽いのはきっと合成皮革だからだろうと店員さんに聞いてみると、牛革だというから驚いた。店員さんのセールストークでは10年も履ける素材ということだけれど、10年も履いたらさすがに踵《かかと》がすり減っていそう。石畳が多いスペイン生まれのカンペールの靴はかたい地面でも歩きやすいように作られており、ガンガン歩くような旅にはもってこいなのだ。しかも、踵のデザインが凝っていてオシャレだった。こうして、旅に行くまでの数日間で犬の散歩に履いたりして、少しだけ足にならしておいた。

本当に軽くて疲れない歩きやすい靴だった。念のため、靴ズレしたとき用に絆創膏《ばんそうこう》を持っていったけれど、歩くほどに足になじんでくれて心配は杞憂《きゆう》に終わった。私は、厚手の靴底のローファーと、ショートブーツの2足を交互に履いた。パリに多い石畳にハイヒールが合わないことくらいは想像できるが、スニーカーとローファーのどちらを持っていこうか、最後の最後まで悩んだ。たくさん歩くのだから、履きなれたスニーカーがいいようにも思うし、でも、それじゃいかにも旅行者という感じに見えてスリに狙われないか？なんてビビってもいた。もし、必要になったら現地調達してもいいから、オシャレなローファーを持っていくことにしたのだ。

ほんとに、それが正解。パリのマダムの足元はとってもオシャレに見えた。足元といえば、これならスリも気づくまいと、カラフルなソックスを履いてオシャレしてみた。チラッと見えるところに遊び心を入れてみたら、シャネル本店の店員さんの目に留まって「ファッション関係のお仕事の方ですか？」と尋ねられた。「え？　嬉しい〜」と一気に調子に乗って、高価なバッグを買いそうになる。お世辞とはいえ、パリでファッションを褒められるなんて、最高に気分が上がった瞬間。旅のよい思い出の一つとなった。

私の持ち物リスト一覧と荷物を減らすコツ

旅行の荷物はできるだけコンパクトにするのがオススメ。とはいえ、どうしても外せないアイテムだってある。ここでは私の今回の旅の持ち物をサクッとご紹介しちゃおう。外出時の衣類は148ページのとおりで、そのほかにも

【衣類】

- □パジャマがわりの部屋着（上下）×1
- □ブラジャー・パンツセット×5
- □長袖肌着×2
- □ノースリーブ肌着×2
- □靴下×4
- □パンティストッキング×2
- □ナイトブラ・パンツ×1

【洗面・化粧品】

□使い捨て歯ブラシ×4
□スキンケアサンプル×10日分
□フェイスマスク×10日分
□ブラシ×1
□メイク道具一式

【日用品】

□消毒用ウエットティッシュ
□懐紙
□針金ハンガー×2
□小型ピンチ×4
□ハサミ×1
□大小ファスナーつき保存袋
□変換プラグ
□充電器
□iPod
□常備薬・絆創膏
□文庫本・『地球の歩き方』

【アクセサリー】

□ネックレス
□指輪×2
□イヤーカフ
□ブローチ

【持ち歩き品】

□巾着袋入りサブバッグ
□大型エコバッグ
□小型折りたたみ傘
□メモ用紙・ボールペン
□翻訳機
□セキュリティボディポーチ
□予備のお金
（ユーロと円で計10万円）
□クレジットカード2枚
□銀行のカード
□リップクリーム

【食品】
□梅干し
□鮭茶漬けのもと
□真空パックのごはん
□フリーズドライのみそ汁

ここで旅行の持ち物を減らす、私なりのコツをお伝えしたい。基本的に「消費する」という考えで揃えるのがコツだ。

①ブラ・パンツと靴下などは、捨ててもいいようなものを日本から持って行き、使ったら捨てる。最終的に2セットまで使いきり、その後は手洗いしてホテルの洗面室で乾燥。ホテルの部屋は乾燥しているので、新しいタオルに挟んで絞れば、余分な水分がタオルに吸収されて一晩もあれば乾いている。

②スキンケアはできればホテルのアメニティを使いたいが、パリではほとんどのホ

テルには歯ブラシさえ置いていない。なので、化粧品サンプルや以前宿泊したホテルでもらったアメニティを持って行った。朝晩にフェイスマスクで乾燥したお肌をお手入れした。

③常備薬・絆創膏などは、邪魔になっても「もしも」のときのために持って行きたい。気候の変化からか寒けがしたときは葛根湯を飲んだらすぐによくなった。

最終的に、消費するアイテムは残っていてもすべて捨てて帰ってきた。持っていった下着でよかったものは「ナイトブラ」。機内でノーブラというわけにもいかず、ナイトブラをつけたら締めつけ感なしで快適。また、パリのレストランではおしぼりを出してくれるところはない。消毒用ウエットティッシュがめちゃくちゃ役に立った。もちろん手だけでなく、テーブルを拭いたり、公衆のトイレの便座もよく拭いた。自分は案外「きれい好き」なんだと知るきっかけにもなった。大小のファスナーつき保存袋は荷物のパッキングにとても重宝した。パリのお土産は瓶ものが結構ある。万が一割れたときのことを考え、1つずつ保存袋に入れた。においが気になるものは密封もできる。レシートやチケットの紙類も一緒にしまう。日本から持っていった梅干しは小さな保存袋に詰めてから大きな保存袋に入れて、二重にした。ホテルの部屋には電気ポットが置いてあったので、日本のごはんが恋しくなると、インスタントみそ汁やお茶漬けを食べてしのいだ。お茶漬けのもとがこんなにありがたいと感じたことはない。梅干しは、コップにお湯を注ぎ1粒入れて毎日食べるようにした。すると、胃腸が整うような気になる。まぁ、効果が期待できるおまじないと言うべきかな。残念なのは、3冊持っていった本を一度も開くことがなかったこと。こうして、ひとり旅を繰り返しているうちに、自分にとって必要なものがわかってくるんだろう。

◆重量23kg超になってしまったスーツケース

スーツケースの容量は1泊10Lといわれている。私が持っていったのは105Lでぴったり10日間をカバーするものだ。かさ張る衣類は衣類収納ケースに詰め込んでぎゆぎゅっと圧縮すればコンパクトになる。ケースにはフックがついていて衣類を入れたままクローゼットに吊るせるという優れもの。これがあれば、パッキングもスムーズだし整理しやすい。ほかの細々したものを詰め込んだらスーツケースの6割ほどになった。

行きは余裕しゃくしゃくでCDG空港まで到着。ホテルに着いたらスーツケースにおさめていたものを全部出してからっぽにする。次にスーツケースの半分までお土産を買ってもいいことにして土産物入れに用途を変えるのだ。楽しい旅が終わり、荷物のパッキングが済んでスーツケースを床から起こしてみると、ずっしりと重い。ホテルの絨毯にスーツケースのコマが沈むからか、さらに重く感じた。帰りはホテルから空港までタクシーだ。いざスーツケースをトランクに乗せようとすると、とうていひとりでは持ち上がらない。運転手さんは女性だったので2人がかりで「よいこらしょ」とトランクに押し込んだ。スーツケースは常に床で転がしていればいいわけではなく、階段などで持ち上げることが必要になったりする。日本に着いて横浜のホテルまで移動したときに、スーツケースを持て余したのだった。道路の向こうにあるホテルに移動したいのだけれど、近くに横断歩道が見当たらない。地下道を通りたいけれど、階段ばかりでエレベーターがない。重いスーツケースを転がして右往左往して、夏でもないのに額から汗が噴き出した。そりゃそうだ。スーツケースの重量は23kgを超えていたのだから（預ける荷物の重量制限はJALのビジネスクラス利用のため国際線で一個あたり32kg、国内線20kgまで）。自分の背丈や体力、腕力に合わないサイズのスーツケースを持ち歩くのは危険。大きなスーツケース1つにまとめず、リュックなどを使って2つにすればよかったと思う。

あとから考えて持って行かなくてよかったものは

・iPod
・文庫本、『地球の歩き方』
・トップス1着分（3着で十分だった）

・ダウンのジレ
・翻訳機
『地球の歩き方』を読んでさらに研究しようと思っていたけれど、Ｇｏｏｇｌｅマップで十分間に合った。読書を楽しむ時間もなかったし、持って行くなら文庫本1冊でいい。旅の終わりにその旅に出番がなかったものは持ち物リストから削除する。荷物を減らすコツは旅のあとにあるのかもしれない。

◆スリやひったくりも恐ろしいがトコジラミはもっと怖い

脅すわけじゃないけれど、パリにはスリやひったくりが多い。でも、同じくらいに恐ろしかったのが「トコジラミ」。大量発生してパリの人たちに恐怖が広がっているという。トコジラミとは、日本では「南京虫」といって、刺されたら体に湿疹ができて非常に強いかゆみが1～2週間続く。

ということでいろいろ調べた結果、トコジラミが嫌うにおいの「天然の樟脳《しょうのう》」のアロマミストを持っていった。まず、ホテルの部屋に入ったら、スーツケースを洗面室に置く。そしてベッドシーツの四隅を外して、マットレスの角の継ぎ目など、くぼんでいる部分に虫がいないか、糞が落ちていないかを念入りにチェック。ヘッドボードとマットレスの隙間、ソファの背もたれとシートの隙間などに潜んでいないかをチェックする。それが終わったあとは、念のためアロマミストを噴霧しておく。スーツケースは洗面室で広げ、洋服などはクローゼットにしまい、樟脳の小袋も一緒に吊るす。からになったスーツケースの中にも樟脳を入れて、必ず蓋を閉じて虫が入らないようにする。間違ってもベッドや床に広げたまま放置することがないように。トコジラミは夜行性なので寝ている間にスーツケースに忍び込む可能性だってあるのだから。洋服をベッドの上に無造作に置くのも危険。できる限りの注意を払ってトコジラミ対策をした。「メトロでトコジラミが出たそうで」と、その話をガイドさんにしてみたら「全然大丈夫。郊外に行くメトロに出ただけ」と大げさに広まっていることに呆れていた。私にはスリより恐ろしいトコジラミなのは変わりない。

損をしたくない！と思うから決めきれない。チャンスの神様は前髪しかない

「10円でも安く買う」という価値観を主婦ならほとんどの人が持っているであろう。もう少し安くなるまで待って買おう！なんていうのは節約の王道だ。パリの人気観光スポットはどこも入場料が必要で当日券を購入したい人が長蛇の列をつくっている。人気の美術館や教会などは非常に混雑しているため、入場予約は必須。だからこそ、「いつ・どこに行くか」には頭を悩ませた。例えば、現地ツアーを利用する場合、直前になれば値下げされるケースもあり、それを待っている間に売り切れになってしまったりもした。グズグズしているあいだに、どんどん為替は変動して円安が進行して、結局は高くついてしまった。ただ、これも損をしたくないという「損得勘定」からくるものだと思う。私には持論があって「損得勘定」で決めるとたいてい損をす

る、というもの。これは「まさにそうだったなぁ」としみじみと反省。だから、パリでは「欲しい」と思ったものは「別の日にまた」とは考えず、即決した。長期滞在ならいざ知らず、短期旅行は1円でも安く、なんて考えは捨てたほうがいい。チャンスの神様には前髪しかない。出会ったときに摑まないとチャンスを逃がしてしまう。

また、一方で準備期間はたっぷりあったのに、下調べが足りず損したこともある。成功のカギは準備が8割、現地が2割といわれるように、行けばなんとかなるでは時間も労力も浪費する。特に、ルーヴル美術館は広大なので「見ておきたいもの」をチェックしてルートを調べたほうがいい。というのも、人の流れについていけばいいやとみんなの後ろからついていったものの、最初のうちはよかったけれど、そのうち方向がわからなくなり迷子になったのだ。気づけば「シュリー翼」の古代エジプトや古代オリエントのフロアから抜け出せず、ずいぶんウロウロと迷って、最後にはなんだか腹が立ってしかたなかった。でも、ミイラを見られたのはラッキーだった。体をグルグル巻きにした包帯が織物のように規則正しく幾何学的な美しさがあり、長い時間眺めていてもまったく興味が絶えなかったほど。じっくりと見つめる自分の「好き」がなんなのかを垣間見れた気がする。

私が見逃したお得情報を一つ。パリには年中無料で入場できるパリ市が運営する美術館や毎月第1日曜日に無料デーとなる美術館などがたくさんあるそう。有名どころでは、オルセー美術館、オランジュリー美術館、ピカソ美術館など。今回の旅はまさに第1日曜日が含まれていたのだけれど、そのサービスを知ったのは直前になってからだ。残念すぎた。そうそう、パリの商店は日曜日を休むケースが多々あり、わざわざ時間をかけて行ったのに定休日だった話は2章でもした。やっぱり、私だよなぁ〜と、どこにいようが変わらないなとおかしくなった。

噂には聞いていたけれど…目の前のスリ軍団の犯行の一部始終

まさか自分の目の前でスリ、いや強盗が起きるなんて。犯人たちは噂以上の手際だった。事前にパリの治安について調べたら、スリへの注意を促していた。有名観光スポットとメトロは特に用心したほうがいい、と。空港の到着ゲートを通過した瞬間に、誰もがスリに見えてしまうほどビビッていた私だった。

パリ3日目、ガイドさんと一緒にモンマルトルの丘へメトロで向かう。メトロではスリを避けるために、電車の入り口近くに乗らないこと、奥のほうに乗ることと日本で聞いていたのだが、ガイドさんはそれを気にする様子もなく入り口の折りたたみ椅子に座った。まだまだ、疑り深さが抜けない自分をチキンだと呆れつつ、隣に静かに腰を下ろした。膝の上に手にさげていたバッグを置いて、身につけているショルダーバッグとともに上からギューと押さえている。メトロでは電車のドアが閉まるまでの時間が日本のそれよりもほんの少し長く感じる。私たちが電車に乗ると、正面の壁に備えつけられた椅子に座っていた男性が忙しなく大声で電話をかけており、連れの男性に外を指さしながら何かを指示している。その男性は電車のドアが閉まりかけているのに体を挟まれながら飛び出すように出ていった。日本なら車内にいる人全員から白い目で見られる光景だ。

「めちゃくちゃ怪しい」「なんだか怖い」なんてチラチラ様子をうかがいつつ、膝の上のバッグを押さえる手にさらに力が入る。次の駅では中国人の団体がドカドカ乗り込んできて、その中に年配の人もいて「席を譲らないといけないのかなぁ」なんて目で追っていると、その方はどんどん奥のほうへ押し流されていった。すると、電車が閉まる寸前に若い男女2、3人が乗ってきて、その中の女性が私の目の前に立った。「そんなに無理やり乗らなくってもいいんじゃないの？　なんだか、ガサツだなぁ」と見ていた。団体と若者たちであの怪しい男性の姿は見えなくなってしまった。電車が走りだすとアナウンスが流れて、ガイドさんの通訳では「今、この電車にスリ軍団が乗ったので気をつけてください」ということらしい。前日には、日本語でもスリに対する音声ガイダンスが流れているのを聞いたばかり。今回のように車掌さんがわざわざ流すのなら本当だろう。ガイドさんがあたりを見渡すと、自分たちの前に立っているニット帽を被った女性が怪しいという。そしてガイドさんの真横に立っている、めちゃくちゃかわいい高校生くらいの女の子を見て、「この子はスリだと思う。顔立ちが違うので、気をつけないと！」と話しているうち2つ目の駅に到着。そしてまた、ドアが閉まる寸前、次は男性がドアをこじ開けるようにして乗り込んできて、私とガイドさんの席の前は中国人観光客と怪しい人たちでおしくらまんじゅう状態に。私たちは座っているのでおなかから胸のあたりは空間があいているけれど、膝に目の前の人の足が当たるほど。だんだん緊張感が高まっていきバッグを持つ手にことさら力が入る。

事件は3つ目の駅に着くやいなや起こった。立っていた人たちが一斉に開いたドアからおりようとして、後ろから押し出されるように電車から出て行く瞬間、悲鳴と怒鳴り声がした。怪しいニット帽の女性やめちゃくちゃかわいい高校生風女子がわき目も振らずに乗客を押しのけるようにして電車からおりていく。あの怪しい電話の男性が座っていた横の座席の下にはチケット類が散らばって落ちている。騒ぐ中国人たちに落ちたチケットを指さして、「ここに落ちているよ」と教えていた男性もスリ軍団と思われる。みなが床に気をとられているうちに、その男性も電車からおりていった。電話の男性はドアが開いて一番におりている。彼が奪って、仲間に次々とリレーしたのかもしれない。怪しい人たちは一つの集団になってホームを歩いて立ち去った。被害にあった団体は駅のホームに呆然とした様子で輪になっていた。その背後を3人の警察官が通って隣の車両に乗り込んでいく。

これは、スリではなくて巧妙に仕組まれた強盗。ガイドさんもたくさん乗ってきた段階で席を立って奥に移動しようと思ったそうだが、物理的に無理だったので座っていたらしく、本当に立たなくてよかったと言う。立っていたら間違いなくやられていいた。

スリというから、こちらが気づかないうちに盗られてしまうものだと思っていたが、あれじゃ強盗となんら変わりはない。4日目のツアーの食事で席が隣になった新婚旅行中の女性はメトロの中で服をめくられ、おなかに巻いたセキュリティポーチにまでスリの手が伸びてきて、必死で払いのけたそう。幸い未遂に終わったけれど、そのあと周りの乗客から「大丈夫？」と声こそかけられたが、助けてはくれなかったと嘆いていた。確かにメトロは便利だけれど、移動はタクシーが安心だと思った。

おひとりさまパリ旅行10日間の費用、全部お見せします！

10日間のパリ旅行にかけた費用についてズバッとご紹介しよう。
旅費の内訳はおおまかに言うと、

・航空券代
・ホテル代
・食費
・美術館や観光地の入館料
・現地オプショナルツアー代
・カルチャー体験代
・現地交通費

・お土産代

などなど。

2023年11月時点でのパリのツアー代金や物価を調べたところ

■JAL往復直行便・エコノミークラスで往復25万～35万円

■大手旅行会社ツアー・パリ8日間64万3000円（エコノミークラス）

■ホテル代は3つ星1泊3万円～、4つ星1泊5万円～、5つ星1泊10万円～

■タクシー代金は最低運賃が7・3€で、空港まで右岸55€、左岸62€

■メトロの1回券が2・1€（何駅でも同じ料金）

■カフェのコーヒー代は3～7€なので480～1120円

■ランチ4000円～

■定番お土産のモノプリのエコバッグが400円

※1€=160円で計算

インフレの影響や円安が進んでいるのか、日本に比べて1・5倍からものによっては2倍くらいに感じた。パリ2024年夏季オリンピック・パラリンピックの大会期間中はメトロの運賃が約2倍になるとか……。世知辛い世の中だ。

今回のパリ旅行の予算はティファニーの指輪を買ったつもりの100万円。えー‼ そんなにと言われちゃいそうだけれど、10年分がんばったごほうびだ! ケチったりしたらそれこそ自分に失礼。一番大きな支出は飛行機代+ホテル代（特典の無料ラウンジで朝・夕の軽食つき）の48万2000円。残りの約50万円で旅をストレスなく満喫することにした。

お金を使うポイントは、

- 現地ツアーを利用する
- 基本的に歩くかタクシー
- 食べたいものを躊躇せず食べる
- お土産選びの基準は価格よりおいしさ

物を買うというよりは人や体験に多くのお金を使ったと思う。パリ2日目と3日目は日本語アシスタント貸切りサービスを利用した。動画や写真もいっぱい撮ってもらってよい思い出を残せた。11時間半のガイド料金は11万円なり。うち、ランチとカフェをごちそうしたので、その分は別途プラス。おかげで、その後はパリマダム気分で堂々と歩けるようになった。オペラ座界隈やルーヴル美術館周辺、コンコルド広場などでも危ない感じはしなかった。ビビリの私の内心はそうではなかったけれど……。パリを離れツアーバスを使って日帰り小旅行を二度した。世界遺産のモン・サン・ミッシェルのツアー料金は2万8000円ほど。終わってみれば、これほどお得なツアーはなかった。詳しくは83ページからに書いてあるとおりだ。結局10日間のレジャーにかかった費用は28万円なり。楽しみにしていたカフェや食事代の合計は6万4000円。1回のランチ代が1万8000円になったときもあったけれど、ホテルのラウンジで朝食・夕食をまかなえたから、食事代の節約になった。

航空運賃伊丹《いたみ》―羽田　0円（マイル利用）
〃　羽田―CDG（往復）　44万4000円
ホテル代（羽田・宿泊税含む）　3万8000円（現地のホテルはポイント利用）
レジャー代　28万円
飲食代　6万4000円
お土産代　9万円
タクシー・メトロ代　3万円

合計は94万6000円なり。ばっちり予算をクリア！　次にまたパリに行くとしたら（行くけどね）、美術館とカフェ巡りにもっとお金を使いたい。

ノーマークだった時差ぼけ対策。行きの機内で寝なかったのが痛恨のミス

暗闇のなかで一瞬、パッと目が覚めた。「あぁ〜、めちゃくちゃよく寝たぁ」と思って時計を見ると、「ええっ！　4時間しか寝てないの？　しかもまだ0時じゃんか！」。てっきり朝まで眠れたと思ったのに、日本時間で朝の8時だった。

パリに到着した日の真夜中にはじまった時差ぼけである。これまで海外旅行は何度かしたことがあるけれど、「時差ぼけ」になったことは一度もない。パリまでの渡航時間が長いので「時差ぼけ」を心配してくれる友人もいたけれど、「私、時差ぼけしないので」と言って受け流していたのだった。飛行機が羽田空港を飛び立ったのは朝の8時半。そこから13時間かけてCDG空港に向かう。ゆったりとビジネスシートに座りPCで作業をしたり、映画を観たり、食事をしたりして、ほとんど起きていたのだ。「パリまでのフライト時間が長すぎてつらい」という話を聞いたりするけれど、私はそれなりに楽しんで退屈とは無縁だった。

パリのホテルに到着したのは16時を過ぎていた。日本との時差は8時間なので、日本では日付が変わって普段なら寝ている時間だ。私は日本時間ではなくパリ時間に自分を合わせようとした。そうすることで、時間を体に覚え込ませればいい、なんて考えていた。それが、である。しょっぱなからズレまくっていたのだ。「私の脳ミソは日本時間のままやんかぁ」と焦った。そこから朝の6時までベッドの中でゴロゴロと転げ回った。どんなに寝ようとしても目が冴えてしまい寝られないのだ。翌日もまた同じようなことが起きた。結局は寝る時間が徐々に後ろにズレてはいったけれど、ずっと寝不足だった。それでも、はじめてのパリでアドレナリンが出まくっていて、もちこたえていたように思う。

帰りの便は夕方だったので、寝る時間には横になったが、まったくと言っていいほど眠れなかった。羽田空港に着いて横浜のホテルに到着したら16時を回っていた。パリ時刻は朝の8時。まるで徹夜で朝を迎えたかのようにフラフラである。それでもそのあと、友人と会食に出かけたので、われながら若者のようなタフさである。23時にはベッドに入り、翌朝目覚めたら9時半だった。本当にびっくりするほど眠ってしまった。

それからというもの、パリでは感じなかった疲労感、日中の睡魔、頭痛に悩まされた。それが5日間ほど続いて、ピラティスで運動をしたのがよかったのかスッキリと元の生活に戻れた。どうやら、通常4、5時間以上の時差があれば時差ぼけになりやすく、西に向かうより東に向かうほうがきつくなるようだ。パリから日本は東に移動することになるので、教科書どおりの症状だった。そして、若い人に比べ中高年は時差ぼけになりやすいそう。私がミスしたのは日本を出発した時刻にパリは夜中だから、はじめに少し眠っておけばよかったことだ。飛行機に乗り込んだら、機内でも現地時間を意識して過ごすことを心がけたい。

◆大人のひとり旅、NG行動5選はこれだ！

当たり前のことだが、女性のひとり旅はグループ旅のように助けてくれる人がいないので、トラブルが起きたときも自分で解決しなければならない。日常から離れて解放感に包まれていると、ついうっかり気が緩んでしまうものだ。楽しいひとり旅をするために気をつけておいたほうがいい行動についてお伝えしておく。

・スマホに頼りきりは×。重要な情報はプリントアウトしよう

スマホはお財布がわりにもなるし、デジタルチケットで美術館に入れたりもする。スマホひとつで飛行機だって乗れちゃう時代。だからこそ、スマホに頼りきってしまうのは危険。しつこいようだが、パリは想像以上に治安が悪く、盗難や紛失の可能性はゼロではない。そして、調べ物をしたり、動画や写真を撮っているうちにバッテリー不足になったりもする。入場チケットなどや重要な情報は、プリントアウトしておこう。

・公道で長い時間スマホでチェックはやめよう

観光地は特にスリが多く、ひったくりもあるそう。歩道の端に寄っていたとしても、ひとりスマホで調べ物などしていたら、観光客であることはバレバレである。おばちゃんが真剣にスマホの画面を見ている姿は「鴨がねぎしょって立っている」のと同じだというのを忘れないようにしたい。私はスマホを見るときは、お店の入り口などくぼんで陰になっているようなところで見るようにしていた。歩きスマホなどしていて、ひょいっとスマホをつままれて走って持って行かれたら終わりである。

・いきなり話しかけてきた外国人に愛想笑いで答えない

大阪人はお節介気質なので、観光客に気さくに道案内をしたり話しかけたりする。聞かれたら、それ以上のことを教えたくなる人種だ（先祖代々大阪なので間違いない)。だから、海外でも話しかけられたら、わからないくせに笑顔を向けてしまうのだが……それは、悪い人かもしれないと思ったほうがいい。話しかけられて気をとられているうちに、カバンの中から財布を抜きとられたなんてよくある話だ。外国人である自分にパリ市民が話しかける理由はまずないのが普通だ。

・パスポートのコピーをとっていない

パスポートは肌身離さず、とガイドブックに書いてあった。けれど持ち歩いてなくす可能性のほうが大きいと思い、ホテルの部屋の金庫で保管して、コピーをいつもバッグに入れていた。それでも、万が一のときのために、戸籍謄本を携帯した。どんな理由であれ、パスポートがなければ出国はできないのだから、用意周到こそひとり旅には大事である。

・薬局の場所を調べていない

もしも体調を崩したときのために、胃薬・整腸剤・解熱剤・葛根湯・目薬・絆創膏などを持って行った。実際に寒けがして葛根湯を飲んだら、すぐに症状は治まって安心した。ひとり旅で熱でも出したら看病してくれる人は誰もいないので、薬は持っていったほうがいい。そして、頭痛がしたり眠れなくなったりして、どうしてもというときのためにあらかじめGoogleマップで薬局「ファーマシー（pharmacie）」の場所をチェックしておこう。

◆旅を楽しむ小さなこと

・ホテルに着いたら真っ先に窓を開ける

ホテルの部屋に着いたら、まずカーテンを開け、窓を少し開けてみる。そしてこれからしばらく暮らす部屋をぐるっと偵察しながら、ドアや引き出しを全部開けてみる。まぁ、その行動にあんまり意味はないのだけれど、部屋にこもったにおいを窓から入ってくる新鮮な空気で消していく。これから10日間はお世話になる部屋だもん。

いい気を流して運気を上げていきたい。洗面室に置いたスーツケースを開けて衣類をクローゼットにかけていく。クローゼットにかけられる旅行用の衣類ケースをそのままパイプに吊るすだけで、衣類収納棚ができあがる。わずか3分ほどでスーツケースの中身はからっぽになった。「よしできた! マイルームの完成だ」。まずはソファにもたれ、窓の外の風景を眺めながらとうとう来ちゃったパリに思いを巡らせる。

・チョコレート好きが買ったショコラ

年1回、パリではチョコレートの祭典サロン・デュ・ショコラが開催される。ちょうどパリ到着の翌日が最終日で、ショコラ好きには嬉しいイベントだったけれど、まだ慣れていない私にはハードルが高くて行けなかった。でも大丈夫、パリの街にはチョコレートショップがいっぱいある。私が購入したショコラ店をご紹介。

・「ドゥボーヴ・エ・ガレ(DEBAUVE&GALLAIS)」2区 ヴィヴィエンヌ通り

その昔、チョコレートは飲み物だったのをはじめて固形にして食べ物にしたというショコラの老舗。マリー・アントワネットのピストルを買った。

・「ジャック・ジュナン（Jacques Genin）」3区　テュレンヌ通り

大人買いってこういうことをいうんだろうな。ドカンと購入してお世話になった方々へ贈ることにした。

・「ジャド・ジュナン（Jade Genin）」2区　オペラ通り

2022年クリスマス直前にジャック・ジュナンの娘であるジャドがオープンしたショコラ店。ピラミッド形のショコラは味が斬新だった。

・「パトリック・ロジェ（Patrick Roger）」6区　サンジェルマン大通り

実は買えていない。マドレーヌ広場など近くを通ってはいるはずなのに、1つ通りがズレていた模様。「プラリネの魔術師」の魔術にかかってみたかった。

・暮らすように旅する

ずっと一つの場所を楽しむのなら、ルーヴル美術館が一番に思い浮かぶが、本好きの私がずっとここに居たいと思った場所がパリ2区にあるヴィヴィエンヌ通り沿いの国立図書館リシュリュー館。無料で誰でも入館できる。エントランス前の庭園も美しく、館内のアルミのらせん階段がすてきだ。楕円形の閲覧室サル・オーバルに入った瞬間、その広さと天井まで届きそうな蔵書の迫力に圧倒される。天井からは大きな楕円形の窓を囲んだ丸い小窓から自然な光がさし込んでおり、落ち着いた空間になっている。モダンな赤のソファとずらっと並んだ机に置かれた緑のランプとのコントラストがオシャレだ。空席はほとんどなく熱心に作業をしている若者たちで埋まっている。床に座り込んで本を読む人もいて、思い思いの過ごし方をしている。カフェもトイレもあるので、一日中過ごしていられそう。疲れたら近くのパレ・ロワイヤルの庭園を散歩し「カフェ・キツネ（Café Kitsuné）」でお茶を飲んで一息つこう。帰りにパッサージュの「ギャルリー・ヴィヴィエンヌ」でオシャレな雑貨を見るのもいい。デパートでは買えないお土産物が見つかるかもしれない。

◆ブラ旅で見つけたお気に入り

・早朝のシャンゼリゼ通り

朝早くからシャンゼリゼ通りをコンコルド広場まで歩いたら爽快だった。ただ、まだあまり人が歩いていなくて、ひとり歩きで心臓が波打つ。それにしても交通量が半端ない。けたたましく響くパトカーのサイレンの音を聞きながら、コンコルド広場の横断歩道を車にひかれないように走って渡った。パリの横断歩道を信じちゃいけない。

・サン・トゥスタッシュ教会

テクテク歩いていると、巨大な顔と手の石像が目の前に転がって不気味さを放っていた。その高さは成人男性の1・5倍はありそう。こちら、パイプオルガンで有名なサン・トゥスタッシュ教会の前にあるオブジェでアンリ・ド・ミラー氏（といっても知らないが）の『L'ecoute』という作品。何だか調べてホッとしたけれど、こんなところにも石像がある。

・ブーランジェリー「ボエミ（BO&MIE）」

小腹がすいたので、何か食べたいと思った。そうだ！　パン屋さんへ行こう！　目指すはパリで人気のブーランジェリー「ボエミ（BO&MIE）」！　どれもこれもおいしそうだけれど、2つは胃袋にはおさまりそうにもない。大きなクロワッサンを1つ買って店を出た。そのまま大きな口を開けてかぶりつく。「歩きながらものを食べちゃいけない」と教わったけれど、だからこそ、いつにも増しておいしいんだ。これってパリではマナー違反かな？

・ポン・デ・ザール橋

パリ1区と6区を繋ぐ、向かいにはルーヴル美術館のクール・カレが見える、歩行者専用のポン・デ・ザール橋を渡ってほしい。セーヌ川にかけられた橋はいくつもあるけれど、歩行者専用の橋は珍しい。木製の通路はどこかおっかない不安定さを感じるけれど（私だけ?）、橋というよりはパリっ子の憩いの場かもしれない。以前に橋の欄干に永遠の愛を手に入れるために南京錠をかける人が多すぎて、欄干が落ちかけたとか……。今はすべてとり払われてスッキリした橋になっている。橋の真ん中あたりからパリの絶景をどうぞ。

・イングリッシュ・コッカー

パリでは、犬を連れた人に通りだけでなくホテルやレストランでも遭遇した。しかも、私が住んでいる町では、わが家のガク以外はまったくと言っていいほど見かけないイングリッシュ・コッカー・スパニエルに何度も遭遇した。日本では飼っている犬が同じ犬種というだけで、飼い主同士は仲よくなれる不思議がある。でも、理屈じゃないんだよね〜。私も、フランス語は話せないのに「コッカー」とはしゃいだ声を出しては、犬の頭をなでに行っていた。飼い主さんは、その様子に笑顔を向けてくれる。ほんとは、むやみに犬を触ったらいけないんだけれど、コッカーが言葉の壁を超えて優しかった。

第4章

若さを羨ましがらない。いつかなるかもしれないおひとりさまへ

はじめてのパリ、はじめての海外ひとり旅が終わった。今回のひとり旅の意味って何だったんだろう？　私なりに考えてみた。

若さを羨ましがらない。いつかなるかもしれないおひとりさまへ ------ 4

ひとり旅こそ、自分を知るいい機会

オペラ座からＣＤＧ空港までロワシーバスなら1時間程度で到着する。夕方のラッシュ時や渋滞などに当たらなければ、タクシーならもう少し早い。私はホテルでタクシーを呼んでもらい帰ることにした。フライト時刻は17時15分なので通常なら2時間前に行けば十分間に合うけれど、行きの羽田でのあわや飛行機に乗り遅れそうになった経験から、早めに空港に到着してエール・フランスのラウンジでのんびりくつろごうと思った。

空港に到着したのが13時半ごろだった。すでにオンラインでチェックインは済ませてあったので、あとは航空会社のカウンターで荷物の手続きだ。それが「早すぎる！15時以降に来なさい」と追い返されてしまったのだ。しつこく食い下がってみたけれど、ダメなものはダメであった。こういうダメでもともとのチャレンジ精神は、大阪のおばちゃんの気質であろう。「とりあえず言うてみよ」はフランスじゃ通じない（日本でも同じだよと言われそう）。そうそう、同じように早めに来ちゃった二人旅行の女性たちがいた。ひとりが「私が、早く行こうと言ったせいで、ごめんなさい」と、もうひとりに謝っていた。「そんなことはないわよ」という二人のやり取りを聞いて、こういうのが旅のあいだにずっと続いたらしんどいだろうなぁと思った。誰かと一緒に旅するというのは、相手のことを好きになるか嫌いになるか、一つの賭けみたいなところがある。そういう意味で、ひとり旅では自分を好きになれこそすれ、嫌いになることはあまりないいんじゃないだろうか。だって、旅のあいだずっと、自分の中のポジティブさんとネガティブさんが互いに合いの手を入れながら、結局は自分で解決するので、自己肯定感は上がっていく気がする。

さて、気をとり直してカフェで仕事して時間をつぶすことにした。こういうときPCさえあればどこででも仕事ができる生業はありがたいものだ。空港のラウンジなら無料で飲めるビールに結構な金額を払って作業に没頭していたら、気づくと15時をずいぶん過ぎていた。それでまた慌てて荷物を預け、出国審査を終えて搭乗ゲートへ向かう。結局、ラウンジでくつろぐ余裕も免税店を見て回る時間もなくて、搭乗ゲートの待合スペースで待つことにしたのだった。余裕を持って行動するわりにはギリギリの女になってしまう。私の時間認知の針は肝心なときにぶっ飛んでしまうのかもしれない。ということで、ギリギリではじまったパリひとり旅は、やっぱりギリギリで終わるという。まぁ、こんなスリルはひとり旅でもしなきゃ味わうことはないから、「おもしろい」の一言で片づけてしまおうと思う。反省はないんかい⁉

将来「ひとり」になることを、解像度高く想像できた体験だったかも

家族と離れてひとりで10日間以上過ごしてみると、ひとりの心地よさとは別に、人を大切にしないといけないなぁとも思った。人間関係においては家族の関係が一番近いものになる。あけっぴろげでものが言えるのは家族だし、何かあればまず頼りになるのも家族であろう。突然ですが、先に夫が亡くなったら自分はどうなるのか?と考えたことはありますか? 私の場合は、子どもたちが家を出て行ったら(そう遠くはないことを願っている)、ひとりになる。家事全般になんら心配はないけれど、ふいに話しかける相手がいなくなるのは確かだ。ひとり旅というのはまさにそれで、ひとりになったらこうなるかなという体験でもあった。ひとり旅では、「おいしいね」や「きれいだね」という共感を求めたり、「コレ、持ってて」や「ちょっと背中をかいて

くれへん?」というちょっとしたお願いごとを頼む相手がいない。これまで2、3日の国内ひとり旅では感じなかったけれど、さすがにアウェイな異国のひとり旅では「ぼっち」であることの解像度が上がった。

だからといって、寂しいとかそういうおセンチな気分にはならなかったけれど、よりいっそう愛犬の存在を愛おしいと思うようになったし、シニアの恋愛が盛ん（現実的に）なのも理解できる。「ひとり時間」を大切にと発信したり「ひとり起業」して生計を立てたりして、「群れる」ことより、孤独を楽しむすべには長けているとは思うけれど、社会から孤立しないようにしないといけないなと思った。ありがたいことに「一緒に旅行に行きたかったけれど、都合が合わず残念」と言ってくれる友人や、「私も便乗させて！」と旅を共有してくれる友人にも恵まれている。ブログやSNSのDMには読者さんからオススメ情報をたくさんいただいたし、「わからないことがあったらなんでも聞いてください！」と言ってくれる人もいた。ひとりですることなのに、陰では多くの人に支えられてパリまで来られたのだ。家には「孫の手」がないからそろそろ買っておいたほうがいいし、背中にファスナーのあるワンピースはリサイクルショップに持っていこうと思う。ひとり旅というのは、これからなるであろう「ぼっち」と孤高に接する時間でもあった。

結局、自分がいなくても誰も困らない。「家族に申し訳ない」は手放していい

海外旅行好きの知人がいて長期間家を留守にするときは、留守番をしてくれる夫のために食事を準備していくという。レンジでチンして温めるだけでいいように冷凍するだけでなく一食分ごとキチンと小分けして扱いやすいよう、心配りまでしておくという。「なんでそんなことまでするの？　自分で作れなきゃ外食だってできるし、コンビニでお惣菜だって売っている」と言うと、彼女の夫は「ひとりで外食できない」「コンビニのものを食べたくない」などと言って、ろくなものを食べなくなるからしい。よそさまのことだけれど本当に困ったものだと思う。

というわが家にも困った息子がひとりいる。長男だから手を出して構いすぎたせいもあると反省しているのだが、インスタントラーメン以外を作っている姿を見たことがない。さすがに30歳をとうに過ぎた息子のためだけに食事の支度をするのはやめたけれど、一緒に食べるときには息子の分も作るし、食事に一緒に出かけることもある。私が留守の間は兄妹仲よく食事作りをしてくれたら「ちゃんとごはんを食べているかな」という心配はなくなるが、実際は妹が兄のために料理するなんて、いまどきは幻想。以前観た黒木華《くろきはる》さん主演のドラマ「僕の姉ちゃん」。両親不在の間、弟と二人暮らし。仕事を終え帰宅した部屋で、それぞれ好きなものを食べながら、遠慮のないぶっちゃけた会話が繰り広げられる。その会話の辛辣さもさることながら、家族が一緒に別々の夕飯を食べている姿がシュールすぎて驚いた。「これがいまどきなのか……」とにわかには信じられなかったけれど、うちの子どもたちを見ていれば、あながち普通なのかもしれない。息子はインスタントラーメンをする10日間かと思っていたら、パリに着いてすぐ「男飯」と題して娘から画像が届いた。なんと、お盆には「煮魚」「なめろう」「大盛ごはんに梅干しのトッピング」という定食ができあがっているではないか。息子が魚を煮つけるなんて……、青天の霹靂《へきれき》だ。しかもちゃんとしている。帰ってから娘に聞いた話では「食事が終わったらすぐに食器を洗っていた」という（いつもは忘れることのほうが多い）。冷蔵庫には息子が買ってきたであろう野菜まであった。「野菜嫌いが食べたんや」とこれまた驚きである。自分では構っているつもりはなかったけれど、まだまだ世話を焼きすぎていることに気づいた。先にも書いたが、「自分がいなきゃいけない」というのは思い込みで、実はいるからやらないだけかもしれない。

年齢を理由にやりたいことを諦める必要はない

「姉ちゃん、海外なんてええことないで。日本が一番や」「私は、海外なんて全然行きたくはないわ。それなら温泉に何回も行きたいわ」という3歳年下の妹。私が育児に悪戦苦闘していた20代のころに独身を謳歌していた妹は、バンバン海外にひとり旅に出かけていた。ショートホームステイを利用して一般のお宅に泊めてもらったり、安いユースホステルに宿泊したりしてコストを抑えて、うんと長い旅を楽しんでいたと思う。しまいにはアメリカへ留学したまま戻ってこなかったのだ。向こうで日本人と結婚して、アメリカ国籍のまま2年前に日本に戻ってきた。妹がそう言えるのは、数々の経験をしたからこそだ。

おおむね日本の妻は、家族を置いて自分だけ海外旅行に行くなんて贅沢なことはできなかったのだ。四半世紀の海外暮らしを経験した妹にそう言われたって「私には、わからないんだもん」と答える。知らないことを知りたいと思うのに年齢は関係ないと思う。ただ、若い人のような体力はないし、自分を奮い起こせる勇気だって小さいかもしれない（はかれないから想像だけど）。だから、「もう少し若ければ」なんて気持ちもわからなくはないけれど、その気にさえなればなんとかなるもんだ。実際に80代でもひとりで海外旅行に行っている人はいる。だから年齢を理由にして「やりたいこと」を諦めてしまうのはなんだかもったいない気がする。

パリに行ってはっきりしたのはやっぱり「和食」はおいしくて誇りに思う！ということだった。だから、遅まきながらも日本の食文化を知っていきたいと思うし、だからといって日本の枠の中に留まる必要はなく、もっと自由に動き回れる人でありたいと思った。パリのこともまだまだ知りたいし、見てみたい。帰ってきてから、一緒に「ウノエ」で食事をしたフローリストの先生のお宅に食事に招待された。パリの思い出話を語り合うことになったのだが、お互いに「パリには行ったけれど、なんかちょっと違うような気がしてならない」という点で意見が一致した。飢餓状態の人の目の前にごちそうを並べたらとにかくむさぼるように食べるだろう。私は、それと似たような感覚になって「とにかく見なきゃ、行かなきゃ」「見た、知った」というスタンプラリーのようになっていたところもあると感じていた。もう少し私らしさが欲しかった。だから、帰ってきたばかりだが娘に「ねぇ、次にお留守番（犬の世話）をお願いできそうなのはいつごろでしょうか？」と丁重におうかがいを立てているところだ。これには娘もあきれ顔ではある……。

ひとり旅は生き方の一つ。「ひとり行動」を増やした先にあった

みなさんは、「3年後、5年後、10年後、自分はどうなっていたいのか?」を考えたことはありますか? 私は、10年前にブログをはじめ、「10年後には何かしらの実績を残したい」と宣言していた。それより前の40代には、職場で人生を謳歌する60代の先輩女性の姿を「あんな風に自由に旅に行けて、経済的にも豊かになりたい」と羨望の眼差しで見ていた。それぞれ1つの点でしかなかったけれど、40代、50代を通してしてきたことが線となって繋がって、私は「自由な働き方」と会社員を続けていたら得られなかった「LIFE SHIFT」を実現できた。それができたのは、ひとりでカフェにこもり、自分というものと向き合ってきたからだと思う。「ぶっちゃけ、ワタシはどうしたいの?」「どんな人でありたいの?」という問いに「小さな行動」

という形で応えていったのだ。それは、誰かとするものではなく、自分ひとりでするから、自分らしさに目覚めていくものだった。はじめはひとりカフェからはじめて、

・ひとりフルコース
・ひとりアフタヌーンティー
・ひとりカウンターＢａｒ
・ひとりカウンター寿司
・ひとり温泉旅行
・ひとり新幹線
・ひとり飛行機
・ひとり国内旅行　ｅｔｃ.

どんどんひとり行動を増やしてきた。それまでの自分だったら躊躇してできなかったようなことに、「ちょっと自分に負荷」をかけてチャレンジする。その先に「海外ひとり旅」があったのだ。

中には、うまくいかなかったことだってある。カッコイイ女性に憧れて、ひとりカウンターBarをやってみたけれど、イマイチ私には合わなかった。やってみなければ合うか合わないかはわからないものだ。はじめてひとりで新幹線に乗ったときには、車内のマナーは？　ルールは？　ある？　ない？なんてドキマギしたものだ。それが今や、地元の京阪電車に乗るのと気分は変わらないし、航空券を自分でとって飛行機にひとりで乗れるまでに成長した。誰かに頼ってばかりいたら、「自分でもできた！」という達成感を味わうことはないだろう。そんな「しょうもないことができたからってどうやねん」と思われるかもしれないが、大きなことをやってのけるからスゴイんじゃなくて、小さな成功体験を積み重ねることで自己信頼感がUPして、大きな成功にチャレンジできる人になれる。

いくつになってもどんな可能性があるかはわからない。ひとり旅というのは、好奇心をくすぐられることで自分に気づきを与えてくれる、自分を成長させてくれる時間なのだ。それが、海外でなければならないということはない。どこだっていいのだ。

自分の興味があることを「ひとり」で追いかける。それだけでも、人生はおもしろくなる。

シャンジュ橋にて。若い女性3人組に声をかけて写真を撮ってあげたあとに自分も撮ってもらった

あとがき

私はこの旅の準備中についに還暦になった！　60代という新しい人生のステージがはじまったのだ。いよいよシニアに突入じゃん。「嫌だ〜その響きぃ！」。

息子に連れられて何度か行った食べ放題の焼肉屋さんは60歳から割引があるそうだ。映画だってシニア割引が使えるようになった。これを、あるときは「ラッキー！　嬉しい〜」と素直に喜んだり、「まだ、おまけしてもらう年じゃありません！」と反発心が芽生えたり、「もうそんな年になったのね」とおセンチになったり、微妙に揺らぐ年齢になった。

60歳はもう、若くもないし、でも年寄りでもない。でも、自分は自分であるという何かを持って生きる年齢にやっと突入した気がする。それが「こだわり」を持つということではないかと思う。子どものころ、明日は遠足だと思うとワクワクして眠れなかった。リュックサックの中には、遠足のしおりと「おやつ」が入っている。学校から帰ってきてすぐに駄菓子屋さんまですっ飛んでいき、時間をかけて迷いに迷いまくって決めた、私だけの「おやつ」。一点豪華主義でいくのか、より多くの種類を持っていくのか、自分との会議を駄菓子屋さんで繰り広げる。遠足に行く場所や持ち物もすべて学校に決められて、お弁当のおかずはリクエストできたけれど、母には機嫌よく作ってもらわなきゃならないし、たった一つ、おやつだけは予算のなかで自由に決められた。遠足のクライマックスは、友達と「何持ってきた?」とお互いに選んだおやつを見せ合いっこして、分け合って食べるあの時間。私にとって、おやつの時間があれほどキラキラしていたのは、自分で選んだものだからだと思う。

私たちは、「自分で選んで決める」ということに怖さも感じるけれど、それ以上に喜びを感じる。ひとり旅では、子どものころの遠足と違って何もかも自分で選んで決めなきゃならない。だから、準備段階から遠足前夜のようにワクワクした。そんなことって人生に、そうそうない。

59歳になってからの1年間というもの、私は、どんな60代を過ごそうか、いつもそのことばかりを考えていた。考えているだけでは、何も変わらないので、とにかくチラッとでも興味が湧いてきたものは、躊躇なくチャレンジしてみた。それで、思ったことは、あと何回チャレンジできるだろうか?ということだった。私たちは頭では時間は永遠に続かないとわかっているけれど、実際、そんなことを意識している人は少ない。今日という日が、明日も明後日も続くものだと思っている。でも「親友とはあと何回会えるのか」とか「愛犬とあと何回すてきな思い出をつくれるのか」など、人生であと何回と数えてみたら、驚くほど少ないことに気づくはずだ。特に「ずっと行きたかった場所に旅ができる回数」は、悲しいかな、そう何度もない。だから、還暦のごほうびに指輪を買わずに「そうだ！　パリに行こう！」と決めた自分を褒めてあげたい。

パリから帰って数カ月。食いしん坊の私は、パリで食べた食事をときどき思い出してはよだれを流している。でもパリで過ごしてみて自分がどれほど日本食を愛しているかがよくわかった。旅が2、3日だったら気づけなかったかもしれないが、最後の最後は和食が恋しくてしかたなく、デパ地下で和食を求めてウロウロ。でも「これだ！」というものを探せず、その夜は食欲すらなくなった。フレンチも素晴らしいけれど、日本の食文化をもっと誇りに思っていいし、もっともっとおいしい体験をしたい。これで、ますます食いしん坊に拍車がかかることであろう。でも、いいんだ！　この旅で自分の好きなことは「食べること」だとはっきりして、それが人生の豊かさをもたらすとわかったから。パリを選んだのも食いしん坊がゆえだったら納得ができる。

エッセイを綴るために、だんだんと薄らいでいく記憶を手繰り寄せていくと、もっとできることはあったんじゃないかと、惜しい気持ちが現れたりもする。すてきな美術館をもっと観ることもできたし、女性がひとりで夜の街へ出ちゃ危ないと思って、夜のパリを楽しむことはしなかった。チーズとハムを食べすぎて、いつも胃袋が重かったし、雨にたたられて（言い訳）思うように行動できなかった。でも、それはそれで、はじめてパリを歩く私の精いっぱいの楽しみ方だったと思う。散歩中に見つけたショーウインドウに飾られたヴィンテージのシャネル、絶妙なカーブを描く路地の美しさや、ホテ

ルのハウスキーパーさんの優しい笑顔など、ガイドブックには載っていない
あれこれを自分で発見できたことは財産だと思う。

ここまで読んでくださったみなさんは、海外旅行ともなると「時間」や「お金」の準備をしなきゃいけないし、本当は行ってみたいけれど、今の自分にはちょっと難しいと思っているかもしれない。でも、なんでも自由に望むとおりに叶えられるって、そんなに素晴らしいことだろうか。もし、なんでも思いどおりにすぐに手に入る人がいたら、「夢」というのは寝ているあいだに見るものだけになってしまう。そんなのツマラナイ人生じゃなかろうか。
パリに行くために、節約をしたり、お小遣い稼ぎをしたりして、コツコツと費用を貯めていく。だからパリに着いたときの喜びは大きいし、特別な意味を持てたりする。

私も帰ってから、さっそくポイ活に励んでいる。あの手、この手を考えてマイルを貯めているのだけれど、「面倒くさい」なんて気持ちはこれっぽっちもない。むしろ、このポチッとが、次なる旅への一歩だと思うとワクワクしてくる。友人が通帳の残高を見てはニマニマとほほ笑んでいると話していたけれど、貯金が増えたって使わなければ絵にかいた餅でしかない。それに比べてポイントは使うために貯めるものだからほほ笑みは倍だ。

今、私はソファに腰かけ愛犬の隣でこれを書いている。パリから帰ってから2カ月以上たっていて、普通だったら日常に紛れていつしか消えてしまう旅の記憶を、こうして綴ることで、みなさんと共有できるのがとっても嬉しい。

これも主婦の友社の編集の金澤さんから「エッセイを書いてみませんか?」

というお誘いをいただいたおかげだし、携わってくださったみなさんのおかげでもある。そして、いつもブログやSNSを読んでくれるフォロワーさんのおかげでもあるので、あらためて感謝したい。しかも、なんと初のエッセイ本なのだ！　大阪のおばちゃんが、にわかパリマダムになれただけでなく、エッセイストとしてもデビューしちゃったのだ。ビバ！還暦　夢が叶っちゃった！

そうそう「遠足は帰ってくるまでが遠足です」というのが先生の決まり文句だった。でも、私には、作文を書き上げるまでが遠足だった。こうして、私のにわかパリマダムのひとり旅（遠足）はめでたく終わった。また行くでぇ〜（笑）。

中道《なかみち》あん

著述家、株式会社LSB代表取締役。アラフィフ世代を中心に、より豊かに生きるマインドセット術、ブログやSNSなどの発信の方法、個人起業の手法などをコンサルティングしている。生き方・健康・人間関係・お金を視点にライフシフト術を発信。著書に『50代、もう一度「ひとり時間」』『昨日とは違う明日を生きるための 新しい幸せの始め方』(ともにKADOKAWA)、『「誰かのために」を手放して生きる』(自由国民社)などがある。

HP：https://lifeshift-ann.com/

公式ブログ：https://ameblo.jp/aroundfifty50/

STAFF

ブックデザイン
若井裕美

イラスト
酒井真織

校正
濱口静香

DTP
松田修尚、
蛭田典子
(主婦の友社)

編集担当
金澤友絵
(主婦の友社)

ビバ！ 還暦《かんれき》
60歳海外《さいかいがい》ひとり旅《たび》はじめました

2024年4月20日　第1刷発行

著者　中道《なかみち》あん
発行者　平野健一
発行所　株式会社主婦の友社
〒141-0021
東京都品川区上大崎3-1-1 目黒セントラルスクエア
電話 03-5280-7537
(内容・不良品等のお問い合わせ)
049-259-1236（販売）
印刷所　大日本印刷株式会社

ISBN978-4-07-456415-6